Karl Friedrich Stumpf-Brentano

Die Wirzburger Immunität-Urkunden des X. und XI. Jahrhunderts

Karl Friedrich Stumpf-Brentano

Die Wirzburger Immunität-Urkunden des X. und XI. Jahrhunderts

ISBN/EAN: 9783743611382

Hergestellt in Europa, USA, Kanada, Australien, Japan

Cover: Foto ©ninafisch / pixelio.de

Manufactured and distributed by brebook publishing software (www.brebook.com)

Karl Friedrich Stumpf-Brentano

Die Wirzburger Immunität-Urkunden des X. und XI. Jahrhunderts

DIE WIRZBURGER IMMUNITAET-URKUNDEN

DES X. UND XI. JAHRHUNDERTS.

EIN BEITRAG ZUR DIPLOMATIK

VON

KARL FRIEDRICH STUMPF-BRENTANO,

PROFESSOR AN DER K. K. UNIVERSITAET ZU INNSBRUCK.

MIT DREI FACSIMILE-TAFELN.

INNSBRUCK.
VERLAG DER WAGNER'SCHEN UNIVERSITAETS-BUCHHANDLUNG.
1874.

MEINEM FREUNDE

JULIUS FICKER

GEWIDMET.

ROEDELHEIM BEI FRANKFURT AM MAIN, IM AUGUST 1874.

Mit Recht wendet fich die heimifche hiftorifche Forfchung feit geraumer Zeit befonders eifrig den diplomatifchen Unterfuchungen zu. Denn die richtige und tiefere Erkenntnifs der ftaatlichen Vergangenheit unsres Volkes mufz zuvörderft aus urkundlichen Quellen gefchöpft werden. In ihnen liegt faft ausfchliefzlich gerade der wichtigfte Theil derfelben, das innere politifche Leben verborgen.

Allein wie weit sind wir noch von dem Ziele entfernt, dafz uns diefe Quellen ungetrübt und rein zuflöfzen? Und was können fie uns fonft frommen?

Hat die wifzenfchaftliche Thätigkeit durch Jahrhunderte hindurch den Stoff maffenhaft zu Tage gefördert, fo liegt uns zunächft ob, neben gewiffenhafter Ergänzung und nach erlangter Vollftändigkeit deffelben, durch Ueberfichtlichkeit und Ordnung deffen unumgänglich nothwendige Läuterung und Klärung zu bewirken. Die Aufgabe unfrer wifzenfchaftlichen Thätigkeit ift demnach wefentlich eine kritifche. Darin müfzen wir unfer Verdienst gegenüber den Leistungen der Vergangenheit zu erwerben und gleichzeitig unfrer Verpflichtung gegenüber den Arbeiten der Zukunft nachzukommen fuchen.

Es bleibt unfres Böhmers unbeftrittenes Verdienst, wodurch er zugleich fo dauernd und anregender als irgend einer feiner fachgenöfzifchen Zeitgenofzen auf die mittelalterliche Quellenforfchung einwirkte, dafz er mit seinen grundlegenden Arbeiten uns die Wege angebahnt hat, auf denen fortwandelnd wir mit Sicherheit zu dem erfehnten Ziele gelangen müfzen. Denn ohne Regeften keine Diplomatik, ohne Diplomatik keine Kritik. Das haben uns in jüngfter Zeit die Arbeiten Delisle' und Sickel's ebenfo wie jene Stälin's, Waitz', Ficker's und Anderer glänzend bewiefen.

Doch möchte ich den Altmeister nicht minder auch darin als Muster vorgehalten wißen, dafz er rastlos und unermüdet nicht blofz in stets erneuerter, umfaszender und vertiefter Bearbeitung den wachsenden Stoff für die allgemeine vaterländische Geschichte zu bewältigen bemüht war, sondern auch mit richtigem Blicke und in voller Würdigung der zunehmenden Bedeutung unsrer Specialgeschichte, insbesondre im Verlauf des spätern Mittelalters, auch diese in den Kreis seiner Forschungen gezogen hatte. Hiefür haben uns seine Regesten der Habsburger, Ottokar's II, der Luxemburger, der Wittelsbacher und vor allem der Erzbischöfe von Mainz u. s. w. hinreichende Belege geliefert. Wie fachgemäfz gliedern sich nicht dieselben dem Gange der allgemeinen Entwicklung an, deren Stärke in jenen Zeiten gerade hier zu suchen ist? Und welch' ergiebiges und fruchtbringendes Feld für Untersuchungen jeglicher Art, insbesondre auch für diplomatische, öffnet sich uns nicht durch dieselben? Hat doch erst neulich wieder Franz Kürschner an dem Beispiele einer Diplomatik Rudolfs IV. und zwar mit bestem Erfolge gezeigt, [1]) was hier zu leisten und zu erreichen sei. Dafz doch solche Vorgänge nicht ohne Nacheiferung bleiben möchten. Allerdings bieten derartige Unternehmungen, wozu der Stoff meist erst neu zu gewinnen ist, gröfzere Schwierigkeiten dar, als das mechanische Wandeln auf altgetretenen Wegen. Möge man sich doch darüber keinen Täuschungen hingeben, dafz handwerksmäfzige Nachahmung auch der besten Muster, — wie sie jetzt Mode zu werden scheint — noch lange keine Wifzenschaft sei, am wenigsten auf dem Gebiete der Diplomatik.

Freilich soll damit nicht entfernt behauptet werden, als wären alle Fragen über die Kaiserurkunden unsrer älteren Vergangenheit bereits gelöst. Ich selbst habe auf Grundlagen von Böhmers Arbeiten versucht, wenn auch keineswegs neue Regesten, was ich ausdrücklich zu bemerken nicht unterlaszen wollte, so doch einen Beitrag zu der Kritik über die Diplome des X. bis XII. Jahrhunderts zu liefern und weifz am besten wie sehr derselbe der Ergänzung und Berichtigung bedarf. Ueber manche

---

1) Vgl. Die Urkunden Herzog Rudolfs IV von Oesterreich (1358 bis 1365). Ein Beitrag zur speciellen Diplomatik von Dr. Franz Kürschner. (Im Archiv für Oesterreichische Geschichte 49, 1 ff).

Frage durfte ich mir allerdings ein entfcheidendes Urtheil erlauben, auf viele zweifelhafte Puncte konnte ich wenigftens aufmerkfam machen und überhaupt über äufzere wie innere diplomatifche und über Kanzlei-Verhältniffe manche Bemerkungen, wenn auch verfteckt, einfügen, die vielleicht gerade defzhalb unbeachtet geblieben und durch fpätere „Entdeckungen" überflüfzig gemacht worden find. Doch fuchte ich dem Vorbilde des Altmeifters zugleich darin nachzueifern, dafz ich auch ferner unausgefetzt bemüht war, das einmal vorgefteckte Ziel feft und fefter im Auge behaltend, insbefondre den handfchriftlichen Stoff wenn möglich bis zur Urquelle aufzufuchen, um damit für die Kritik die ficherfte und zuverläfzigfte Grundlage zu gewinnen. Jeder derartige neue Zuwachs mufzte demnach für mich doppelten Werth erlangen, weil er nicht nur vervollftändigte und Lücken ergänzte, fondern vielfach fefte Anhaltspuncte zur Beantwortung bereits aufgeworfener Fragen, wie zur Beurtheilung zweifelhafter Fälle bot. Gerade die Unterfuchung, die uns heute befchäftigen foll, liefert hiefür den fchlagendften Beleg, deutet damit aber zugleich die Veranlafzung an, welche mich bewogen hat, diefelbe aufzunehmen.

Schon im Herbfte 1857, als ich die älteren Kaiferurkunden des Münchner Reichsarchives einer Prüfung unterzog, fiel mir das Diplom K. Ottos III von 996 Sept. 15, die Immunität des Wirzburger Hochftiftes betreffend, auf und es waren nicht blofz paläographifche Bedenken, welche Zweifel gegen die Genuinität deffelben in mir wachriefen. Ich liefz diefelben aber fpäter hauptfächlich aus Mangel an Vergleichsobjecten fallen und war umfo geneigter hierzu, als nur die allerzwingendften Gründe zur Annahme einer doppelten und zwar zeitlich getrennten Fälfchung bei ein und demfelben Stifte berechtigen können. Als mir jedoch im November 1871 die inzwifchen neu erworbenen Kaiferdocumente deffelben Archives zu Geficht kamen, darunter auch das angebliche Original K. Otto's I von 974 Aug. 13, gleichfalls eine Beftätigung der Immunität für das Wirzburger Bisthum enthaltend, zeigte fich zwifchen Form und Inhalt beider Diplome eine derartige auffallende Aehnlichkeit, dafz meine urfprünglichen Bedenken nicht nur auf's neue rege wurden, fondern durch fortgefetzte genauere Vergleichung beider Urkunden bald die vollfte

Bekräftigung erhielten. Ich konnte defzhalb nicht unterlafzen, bei dem im Winter 1872 erfolgten Abdrucke des letztern Diploms in meinen „Acta imperii adhuc inedita" Nr. 216 mit allerdings nur wenigen Worten auf jene Verhältniffe aufmerkfam zu machen und meine Ueberzeugung dahin auszufprechen, dafz uns in den beiden Ottonifchen Documenten eine ältere und fomit von der bereits erkannten fpätern Fälfchung unabhängige Interpolation vor Augen liege.

Vielleicht hätte ich mich mit jener kurzen Bemerkung begnügt, die eingehende Erörterung und Begründung fpäterer Forfchung überlafzend, wäre nicht die inzwifchen und zum Theil unabhängig von meiner Behauptung erfchienene Literatur über denfelben Gegenftand von geradezu entgegengefetzter Anficht beherrfcht und mir damit gleichfam die Verpflichtung nahe gerückt worden, meinen Ausfprüchen auch die Beweife nachfolgen zu lafzen.

Ich meine hier die Abhandlung von H. Brefzlau: Die Würzburger Immunitäten und das Herzogthum Oftfranken in den Forfchungen zur deutfchen Gefchichte, Band 13, 87 ff. (aus dem Jahr 1873) und von Th. Henner: Die herzogliche Gewalt der Bifchöfe von Wirzburg. (Wirzburg 1874). Beiden ift das mafzgebende urkundliche Material, einfchliefzlich des Diploms K. Otto's I, Letzterem zugleich meine obige Bemerkung darüber bekannt gewefen.

Th. Henner bietet uns in feiner Erftlingsarbeit, welche grofzen Fleifz und wifzenfchaftlichen Ernft verräth, neben einem Ueberblicke über die gefammte einfchlägige Literatur „eine ausführliche Erörterung über das Wesen und die Bedeutung des Stammesherzogthums, der Territorialität" wie aller damit verknüpften weitern Rechtsverhältniffe nach dem heutigen Standpuncte der Wifzenfchaft, um einen fichern Mafzftab zu gewinnen, womit er an die Beurtheilung der fchwierigen Frage über die Entftehung und den Umfang der herzoglichen Gewalt der Bifchöfe von Wirzburg herantreten könne. Sodann werden, mit fteter Bezugnahme auf die älteften Privilegien des Hochftiftes, deffen einzelne Rechte, als Immunität, Regalien, Graffchaft u. f. w. zergliedert und als Gefammtrefultat der Unterfuchung feftgeftellt, dafz die Wirzburger Bifchöfe, geftützt auf die bedeutende territoriale Entwicklung ihres Stiftes und erfüllt von dem Beftreben einer Einigung der Frankenlande durch Gewinnung des oftfränkifchen Ducats, welcher Gedanke fogar zu einer Reihe von Fälfchungen verführte, allerdings fchliefzlich 1168 den Herzogstitel von Kaifer Friedrich I erlangt hätten, aber einen Ducat, nicht unähnlich jenem in andern Bisthümern, der ausfchliefzlich nur für den Umfang der Stiftslande Geltung haben follte. — Die hier zu löfende Aufgabe ift fomit rein von ftaatsrechtlichem Gefichtspuncte aus, allerdings mit gewiffenhafter Benützung der bisherigen Forfchung behandelt. Eine eigentliche diplomatifche Unterfuchung auf Grundlage der vorhandenen Originale und des diplomatifchen Apparats lag dem Verfafzer ferne und defzhalb läfzt er auch die Frage über die Integrität und das Verhältnifs der beiden Urkunden Otto's I und Otto's III zu den übrigen Wirzburger Immunität-Beftätigungen vorderhand noch als eine offene beftehen; gleichwol die von ihm angedeuteten Enftehunggründe über eine allfällige Interpolation jener Diplome unfre volle Beachtung verdienen.

Ganz anders H. Brefzlau. Er erklärt nachdrücklich, dafz er zu feiner Ueberzeugung über die Frage der Wirzburger Immunitäten und des Herzogthums Oftfranken zumeift auf Grund diplomatifcher Unterfuchung gekommen fei mit der ausdrücklichen Bemerkung, dafz die Refultate feiner Forfchung hoffentlich „weder für die Verfafzungsgefchichte noch für die Diplomatik ganz ohne Intereffe fein werden." — Wäre dem wirklich fo, hätte eine genaue Prüfung nach den, in den Kanzleien Otto's I und Otto's III bei Abfafzung und Ausftellung ihrer Urkunden obwaltenden Gefetzen ftattgefunden und hätten gleichzeitig auch die Wirzburger Verhältniffe eine umfafzende Würdigung und Berückfichtigung erfahren, dann würde unfere nachfolgende Unterfuchung gewifs gegenftandlos geworden fein. Allein die Betonung blofz einzelner und betreffenden Falles nichteinmal mafzgebenden Merkmale, wie z. B. des Recognitionzeichens, der mangelhaften Datierung und dergleichen mehr, kann umfoweniger in's Gewicht fallen, als die gemachten Ausftellungen nicht einmal richtig find. Derartige Bemerkungen verdecken vielmehr die Wahrheit, als dafz fie diefelbe enthüllten und liefern nur Scheingründe ftatt eines überzeugenden Beweifes, der freilich nur durch gewiffenhafte Vergleichung fämmtlicher äufzern wie innern Merkmale der Ottonifchen Urkunden d. h. durch genaue Kenntnifs ihrer Diplomatik zu gewinnen ift. Nach diefer unerläfzlichen Bedingung jeder wifzenfchaftlich urkundlichen Kritik aber habe ich mich in der bezeichneten Abhandlung leider vergebens umgefehen, und wenn überhaupt etwas aus derfelben zu gewinnen wäre, fo höchftens, wie diplomatifche Unterfuchungen nicht gemacht werden dürfen.

Wenn ich mich felbft an die Löfung der verwickelten Frage über die Wirzburger Immunität-Urkunden des X und XI Jahrhunderts wage, fo verhehle ich mir keineswegs die Schwierigkeiten, die einer abfchliefzenden Entfcheidung entgegenftehen. Allein ich fehe mich hierzu — nach allem Mitgetheilten — faft verpflichtet; hat doch auch Th. Henner mich gleichfam indirect aufgefordert „eine gröfzere Arbeit darüber zu veröffentlichen." Ein Glück mufz ich es nennen, dafz uns beinahe fämmtliche hier durchzuprüfenden Documente noch in wirklicher oder vermeintlicher Originalform erhalten find. Ebenfo, dafz uns zur Feftftellung des deutfchen Kanzleigebrauches der Ottonen aus dem X Jahrhundert gegen fechshundert Originale d. h. zwei Dritttheile aller ihrer deutfchen Diplome zur Verfügung ftehen. Sie find mir faft fämmlich — Dank der überaus grofzen Liberalität und Zuvorkommenheit unferer heutigen Archiv-Directionen — durch die Hände gegangen. Denn dafz nur auf Grundlage umfafzender Studien von Originalen bei derartigen Unterfuchungen ein fruchtbringendes Refultat erzielt werden könne, bedarf gewifs keines befondern Beweifes. Und fo darf ich mir wol einigermafzen ein Urtheil über die diplomatifchen Gefetze erlauben, nach welchen die Kaiferurkunden in jener Epoche angefertigt worden find. Dafz ich bei Markierung derfelben beinahe ausfchliefzlich nur auf Originale Bezug nehme, verfteht fich von felbft. [2]) Auch find die

---

[1]) Auch bei diefer Arbeit habe ich neuerdings wieder Gelegenheit gehabt zu beobachten, wie gerade in Copialbüchern und in Druckwerken die

Kaiferdiplome des X—XII Jahhunderts in den nachfolgenden Zeilen durchweg nach den Nummern meines „Verzeichniſſes der Kaiſerurkunden" angeführt, wie ich auch darin meinem Verfahren treu geblieben bin, dafz ich die gefälſchten, aber ebenſo auch die corumpierten oder verdächtigen Documente ſtets mit

---

für diplomatiſche Unterſuchungen ſo überaus wichtigen Formen zum Theil ganz vernachläſzigt, zum Theil vollkommen unrichtig oder verkehrt wiedergegeben find, fo z. B. gleich im Titel: *Romanorum rex* (Stumpf 1008) und gar *Romanorum rex ſemper auguſtus* (St. 677), oder *Romanorum imperator* (St. 431. 491. 615. 696. 794. 853.) und *Romanorum imperator ſemper auguſtus* (St. 366—67. 502. 1208) endlich *Romanorum rex et imperator* (St. 720), defzgleichen die irrigen Titel in St. 272. 295. 323. 522; — ebenſo im Signum, wie: *Signum.... regis* (St. 1240—41) oder *Signum... imperatoris* (St. 915. 1037) und *Signum... Ottonis regis primi* (St. 248 Abdruck bei Kettner l. c.), *Signum... Ottonis ſecundi* (St. 762 bei Meibom l. c.), wovon die betreffenden Originale nichts wifzen; — defzgleichen die irrigen Monogramm - Abbildungen in St. 665 und 674 (bei Mai l. c. ex copia sec. XIII) oder St. 863 (bei Tofti l. c.), in St. 926 (bei Petri Reg. Mon. Cass.), in St. 1000 (bei Kettner l. c.), in St. 1248 (bei Leibniz l. c.), in St. 1250 (bei Margarin l. c.) u. ſ. w.; — ganz das nämliche bei Kanzler und Erzkanzler - Unterfertigungen, wie: *Bruno canc. et archicap.* (St. 94, das Or. in Paris hat dagegen richtig: *B. canc. ad vicem Fridurici archicap.*), oder *Ambrosius canc. ad vicem Rodberti archic.* (St. 427 bei Zapf l. c.) und *Liudigerus ad vic. Ruperti archicap.* (St. 482 in den alten Drucken, dagegen das Berliner Or. richtig: *L. ad vic. Huperti archic.* [vgl. Heinemann Cod. Anh. 1, 35] und ſo wird es wol auch in St. 480 heiſzen müfzen), oder *Heinricus canc. vic. Petri Cum. ep.* (St. 1065 die Abdrücke, aber das Or. von 998 zu Arezzo zeigt correct: *Heribertus canc.*...), ſo zu vergleichen St. 2007. 2287. 2399. 3267. 3295. oder bei St. 3987 Ficker Ital. Forſchungen 4, 175 mit Berichtigung dafelbſt 602 u. ſ. w.; — von der Verwirrung in den Daten der Urkunden, häufig durch Correctur vermeintlicher Ungereimtheit veranlafzt, wollen wir gar nicht reden, vgl. Stumpf Reichskanzler 1, 20 (Anm. 20), 41 (Anm. 8), 97 (Anm. 159), 123 (Anm. 251) und Sickel Acta Karl. 1, 374. — Eine gewiſſenhafte diplomatiſche Arbeit kann daher, wenn ſie den heutigen Anforderungen entſprechen will, bei Feſtſtellung der giltigen Geſetze nur mit gröſter Vorſicht und höchſtens ausnahmweiſe von dieſen abgeleiteten Quellen Gebrauch machen, die ja eigentlich zur Beſtätigung der Richtigkeit ihrer Formeln ſelbſt erſt der Originalnachweiſe bedürfen. — Dafz ich übrigens ganz beſonders die noch vorhandenen kaiſerlichen Originale des ehemaligen Wirzburger Archives berückſichtigt und herangezogen habe, wird einfach ſchon durch die Ueberzeugung gerechtfertigt erſcheinen, dafz hier zunächſt die Muſter und Vorlagen für die Fälſchungen zu ſuchen find.

einem Sternchen vor den betreffenden Nummern bezeichnet habe.³)

Meine Unterfuchung wird fich, da über die Fälfchungen aus dem XII Jahrhundert bezüglich der Urkunden des XI nur weniges zu bemerken fein dürfte, hauptfächlich mit den angezweifelten Diplomen K. Ottos I und Ottos III zu befchäftigen haben. Dafz diefelben nicht allein ftehen, dürfte im Verlaufe unferer Arbeit fich klar herausftellen. Der einzufchlagende Weg ift felbftverftändlich durch den Gegenftand der Forfchung bedingt und vorgezeichnet. Da es fich wefentlich nur um Interpolationen handeln könnte, deretwegen auf Grund und mit Benützung echter Documente die jetzt vorhandenen verfertiget worden feien, fo müfzen zunächft I.) jene Kennzeichen, welche bei Originalen in erfter Linie die Urfprünglichkeit wie die Richtigkeit der kanzleimäfzigen Ausfertigung bekunden, d. h. die äufzern Merkmale und das Protokoll genaueftens unterfucht werden. Sollten fich Bedenken gegen die Genuinität dabei ergeben, dann würden hiermit allerdings die Zweifel gegen die Originalität, keineswegs aber nothwendigerweife und in gleichem Grade auch gegen die Echtheit des Inhaltes jener Urkunden berechtigt erfcheinen. Defzhalb dürfte II.) von der Prüfung auch der innern Merkmale, fpeciell des Formelwefens bei Immunitätprivilegien aus jener Zeit, kaum Umgang genommen werden, und zeigten fich auch hier wieder nicht unerhebliche Verftöfze gegen die herkömmlichen Gefetze, dann würde fchliefzlich III.) mit der Ermittelung der wahrfcheinlichen Urfachen und mit der Begründung der muthmafzlichen Entftehungzeit jener Interpolationen wol der vollgiltige Beweis der Unechtheit unfrer Diplome geliefert fein.

---

³) In Folge meiner unausgefetzten Bemühung die Originale auch der entfernteften Archive felbft unterfuchen und prüfen zu können, find diefe Sternchen in nicht unbeträchtlicher Zahl gewachfen, allerdings auch wieder vor mancher Nummer verfchwunden, wie z. B. vor St. 232 (gehört 952), 412 (gehört 942), 798 wahrfcheinlich auch 799 und 800 (gehören zu 979), 1065 (Or. in Arezzo mit der Jahrzahl 998), 2264 (Or. in Paris), 3552 (Or. in Düffeldorf) u. f. w. Die fertigen Ergänzungen zu meinen „Reichskanzlern" Bd. II follen übrigens diefe neuen Refultate baldigft bekannt geben.

I.

Seit seiner Gründung erfreute sich das Hochstift Wirzburg einer grofsen Anzahl von Rechtsverleihungen durch die Herrscher des Reiches, unter denen die Immunität einen hervorragenden Platz einnahm. Allerdings sind nicht alle darüber ausgestellten Diplome auf uns gekommen, doch können wir die Lücken durch urkundliche Notizen annähernd genau ergänzen. Die Reihe der Immunitätprivilegien Wirzburgs stellt sich dadurch chronologisch folgendermafsen dar:

(c. 752 Nov. — 753) — König Pippin ertheilt dem Bischofe Burghart von Wirzburg die Immunität für die Besitzungen seiner Kirche und deren Leute. Erwähnt in dem Diplome K. Otto's III von 992 Dec. 31 (St. 980).

(c. 810 Mai — 814) — Kaiser Karl der Grofze bestätigt dieselbe dem Wirzburger Hochstifte. Erwähnt in der Urkunde K. Hludwigs des Frommen von 822 Dec. 19 (Sickel Acta Kar. L. 188.)

822 Dec. 19 Frankfurt. — Kaiser Hludwig der Fromme desgleichen für den Bischof Wolfgar. Sickel L. 188. Or. in München.

(c. 846 Jul. 1—857 Mrz. 27) — König Hludwig der Deutsche desgleichen dem Wirzburger Bisthume. Erwähnt in der Bestätigung K. Arnulfs von 889 Nov 21 (Böhmer Reg. Kar. 1072).

889 Nov. 21 Frankfurt — König Arnulf desgleichen nach dem Muster der Urkunde K. Hludwigs des Frommen, für den Bischof Arno, zugleich über die auf dem Kirchengute angesiedelten Slaven. Böhmer Reg. Kar. 1072. Or. in München.

918 Juli 4 Wirzburg. — König Konrad I desgleichen, nach dem Muster der Urkunde K. Arnulfs, für den Bischof Tiedo. Böhmer Reg. Kar. 1264 (auch Böhmer Acta Conradi 33 und Brefslau Cent. dipl. Nr. 60.) Or. in München.

923 Apr. 8 Quedlinburg. — König Heinrich I desgleichen, nach dem Muster der Urkunde K. Konrads I, für denselben Bischof. St. 8 (auch Brefslau l. c. Nr. 62) Or. in München.

(c. 962 Feb. — 966 Aug.) — Kaiser Otto I desgleichen für den Bischof Poppo II. Erwähnt in der Urkunde K. Heinrichs II von 1012 Sept. 10 (St. 1563.)

* 974 Aug. 13 Rora — Kaiser Otto I desgleichen in ganz veränderter Gestalt dem Bischofe Poppo II, zugleich über die freien Bargilden und Nordalbinger sammt deren Novalien.

Stumpf Acta imperii Nr.* 216 '(ungenau bei Brefzlau l. c. Nr. 63). Angebliches Or. in München, vgl. Facs.-Tafel I.

(974 Aug. 13 Rora) — Kaifer Otto II defzgleichen für den Bifchof Poppo II. Erwähnt in der Urkunde K. Heinrichs II von 1012 Sept. 10 (St. 1563).

992 Dec. 31 Pöhlde. — König Otto III defzgleichen dem Bifchofe Berenward nebft dem Slaven-Zehnten aus dem öftlichen Franken St. 980 (auch Brefzlau l. c. Nr. * 64). Or. in München.

*996 Sept. 15 Ingelheim. — Kaifer Otto III defzgleichen im wefentlichen nach dem Mufter der * Urkunde K. Otto's I für den Bifchof Heinrich I, einfchliefzlich über die freien Bargilden und Nordalbinger fammt ihren gegenwärtigen und zukünftigen Novalien. St. * 1093 (auch Brefzlau l. c. Nr. 65). Angebliches Or. in München, vgl. Facs.-Tafel II.

1012 Sept. 10 Frankfurt. — König Heinrich II defzgleichen im wefentlichen nach den ältern Beftätigungen, für den Bifchof Heinrich I. St. 1563 (auch Brefzlau l. c. Nr. 66.) Or. in München.

* 1017 (1018) Aachen — Kaifer Heinrich II defzgleichen im wefentlichen nach den * Urkunden K. Otto's I von 974 Aug. 13 und K. Otto's III von 996 Sept. 15, für den Bifchof Heinrich I, mit dem Zufatze des Verbotes jeder Gerichtsbarkeit feitens der Reichsbeamten innerhalb des ganzen Herzogthums und der Graffchaften des öftlichen Frankens, ausgenommen über die Bargilden. St. * 1708 (auch Brefzlau l. c. Nr. 67.) Angebliches Or. in München, vgl. Facs.-Tafel III.

1025 Mai 20 Trebur — König Konrad II defzgleichen genau nach dem Mufter der Urkunde K. Heinrichs II von 1012 Sept. 10, für den Bifchof Meginhard. St. 1888 (auch Brefzlau l. c. Nr. 68.) Or. in München.

* 1032 Juni 6 Merfeburg — Kaifer Konrad II defzgleichen genau nach dem Mufter der * Urkunde K. Heinrichs II von 1017, für den Bifchof Meginhard. St. * 2032 (auch Brefzlau l. c. Nr. 69). Angebliches Or. in München.

* 1049 Dec. 14 Wirzburg. — Kaifer Heinrich III defzgleichen genau nach dem Mufter der * Urkunde K. Konrads II von 1032 Juni 6 für den Bifchof Adelbero. St. * 2379 (auch Brefzlau l. c. Nr. 70). Angebliches Or. in München.

1120 Mai 1 Wirzburg — Kaifer Heinrich V reftituiert dem Hochſtifte unter dem Biſchofe Erlung die Gerichtsbarkeit im ganzen öſtlichen Franken. St. 3164 (auch Breſzlau l. c. Nr. 71). Or. in München.

1168 Jul. 10 Wirzburg. — Kaiſer Friedrich I deſzgleichen für den Biſchof Herold die volle Gerichtsbarkeit innerhalb des Bisthums und Herzogthums Wirzburg und deſſen Graffchaften. St. 4095 (auch Breſzlau l. c. Nr. 72). Or. doppelt in München.

Damit ſcheint aber die Anzahl der Immunitätprivilegien auch erſchöpft geweſen zu ſein; eine Annahme die inſoferne von Belang iſt, da es uns nicht gleichgiltig ſein kann, ob uns das ganze Material zur Verfügung ſteht oder nicht. Denn ich muſz es ſehr bezweifeln, daſz überhaupt auſzer den aufgezählten Diplomen noch andere, die Immunität oder gar den Ducat betreffend, vorhanden geweſen ſein mögen. [4] Was uns von obigen Urkunden heute fehlt, konnte zum Theil, wie z. B. die älteſten von Pippin und Karl dem Groſzen, bereits durch den Brand unter Biſchof Thioto (zwiſchen 908—918) zu Grunde gegangen ſein [5] und Andere wieder, wie die Diplome K. Otto's I und Otto's II mochten, nachdem ſie als Muſter für Fälſchungen gedient haben, abſichtlich vernichtet worden ſein. Insbeſondre möchte ich, trotz der ſcheinbar entgegenſtehenden Erwähnungen bei Adam von Bremen, Ekkehard von Aura, dem ſächſiſchen Annaliſten und vor allem trotz der jüngſt von W. Gieſebrecht herangezogenen Stelle aus der Kaiſerchronik, [6] die Exiſtenz anderweitiger Ducatsurkunden beſtreiten und dieſz zunächſt auf Grund der noch vorhandenen Fälſchungen, welche uns zuerſt und ausdrücklich von dem Wirzburger Herzogthum urkundliche Nachrichten bringen.

---

[4] Auch die älteſten, erhaltenen Copialbücher des Hochſtiftes Wirzburg: der Liber albus von 1278 und das Chartular Lupold's von Bebenburg von 1346 bewahren keine ſonſtigen Wirzburger Urkunden, als die bereits bekannten.

[5] Vgl. Böhmer Reg. Kar. 1265 und St. 6; damit ſtimmt, daſz dieſelben auch nicht mehr ſpeciell in den Immunität-Diplomen K. Konrads I und Heinrichs I aufgeführt ſind. Notizen über dieſelben werden ſich allerdings ſonſtwie erhalten haben.

[6] bei Henner Die herz. Gewalt der Biſch. von Wirzburg 117 (Anm. 1). Ich kann jene Stelle: „*das urkunde habent ſie noch*" nur auf das Diplom K. Heinrichs V von 1120 beziehen.

Ich meine die Diplome aus den Jahren 1017(18), 1032 und 1049, deren Unechtheit jetzt allgemein zugeftanden ift. [7] Wiederholt genauere Unterfuchungen und Vergleiche derfelben mit den Urkunden der Bifchöfe von Wirzburg haben mich in meiner urfprünglichen Ueberzeugung nur beftärkt. Die Interpolation des entfcheidenden Satzes, wefzwegen diefe Fälfchungen mit fonft wörtlicher Benützung älterer, demfelben fogar widerfprechenden Diplome gemacht worden find, ift auch paläographifch dadurch intereffant und gleichfam befonders fichtbar, weil die Wörter „*aliquam potestatem vel iurisdictionem in toto ducatu vel comeciis*" wenigftens in dem älteften diefer Privilegien von 1017(18) auf Rafur gefchrieben ftehen. [8] Ein Beweis, dafz der Schreiber wahrfcheinlich fortgefahren die alte urkundliche Vorlage auch dort gedankenlos weiter zu copieren, wo die zu interpolierenden Sätze eingerückt werden follten. Ebenfo fteht feft, dafz diefe drei Documente untereinander und mit der unbezweifelt echten Urkunde des Bifchof Heinrichs II von Wirzburg von 1165 [9] in Pergament, Tinte und insbefondere in der Schrift eine derartige Aehnlichkeit und Uebereinftimmung bekunden, dafz wer immer eines diefer Diplome gefchrieben haben mag, zweifelsohne auch der Schreiber der übrigen gewefen fein mufzte. Daraus folgt, dafz unfre angeblichen Originale nur in der Wirzburger bifchöflichen Kanzlei und zwar nicht vor 1165—68 ausgefertigt fein konnten, offenbar aus keinem andern Grunde, als um auf dem Reichstage zu Wirzburg 1168 Juni dem Kaifer Friedrich I zur Bekräftigung und allfälligen Erweiterung vorgelegt werden zu können. Denn dafz wir es hier keineswegs mit blofzen

---

[7] Vgl. Brefzlau in den Forfchungen zur deutfchen Gefch. 13, 108, wo auch die einzelnen äufzern Merkmale befonders hervorgehoben find und Henner l. c. 103 ff. Die Kanzlerunterfertigung im Privileg von 1017(18) lautet: *Gunterius cancellarius vice Erchenbaadi episcopi et archicancellarii recognovi.* Das Siegel ift auf der unrichtigen Stelle des Pergaments (links) aufgedrückt, wie in dem unechten Diplome in St. * 753 (angebliches Or. sec. XII jetzt in München.)
[8] Vgl. Facs. Tafel III. Freilich hätte der Fälfcher fich die Arbeit leichter machen können, wenn er im vermeintlichen Originaltexte die Corroborationformel ausradirt und darauf feine Interpolation gefchrieben hätte, wie diefz z. B. in St. 1346 gefchehen ift.
[9] gedruckt Mon. Boic. 37, 107.

Copien echter, älterer Diplome zu thun haben, beweist auf das beftimmtefte die Thatfache, wornach die noch vorhandene und unbeftritten genuine Beftätigung der einfachen Immunität für die Befitzungen des Bisthums aus dem Jahre 1025 Mai 20 geradezu undenkbar wäre und allem Herkommen widerfprechend, wenn bereits fieben Jahre früher demfelben Hochftifte wirklich die volle Jurisdiction innerhalb des ganzen Herzogthums und der Graffchaften von Oftfranken verliehen worden wäre. Es liegen uns alfo hier Fälfchungen vor, die in den fechziger Jahren des XII. Jahrhunderts, und was befonders zu betonen ift, mit Benützung der im bifchöflichen Archive gerade vorfindlichen letzten, beziehungweife jüngften Immunitätprivilegien (einfchliefzlich der Urkunde K. Heinrichs V. von 1120 Mai 1, in welcher zuerft von einer „*dignitas iudiciaria in tota orientali Francia*" die Rede ift), gemacht worden find. Und defzhalb glaube ich, dafz ficherlich keine ältere Ducats-Verleihung urkundlich für das Bisthum Wirzburg exiftiert habe, denn fonft hätte der Fälfcher fich die willkommene Gelegenheit gewifs nicht entgehen lafzen, diefelbe für feine gerade behufs Erlangung, beziehungweife Beftätigung des Ducats anzufertigenden Falfificate zu verwerthen.

Dürfen wir demnach die Frage über die bezeichneten Immunität- und Ducatsurkunden aus dem XI. Jahrhundert vor dem Forum der Wifzenfchaft als entfchieden betrachten, fo gilt diefz keineswegs in gleichem Mafze von jenen Immunitätprivilegien des X. Jahrhundert, in welchen obige Falfificate gleichfam wurzeln und wodurch fich diefelben eigentlich als Fälfchungen von Fälfchungen erweifen würden.

Der Gegenftand ift — wie wir fehen — verwickelt, aber auch bedeutungvoll genug, um, foll der Nachweis gelingen, unfere vollfte Aufmerkfamkeit und die fchärffte Beobachtung feiner allfälligen Eigenthümlichkeiten wachzurufen. [10])

---

[10]) Der Mabillon'fche Grundfatz: *non . . . ex uno folo caracterismo, fed ex omnibus fimul de vetuftis chartis pronuntiandum* wird uns als Leitftern vor allem bei Unterfuchung von Originalen zu führen haben. Es wäre gewifs unftatthaft Originale blofz wegen einzelner, noch fo auffallender Eigenthümlichkeiten zu verdächtigen, wenn fie dem Gefammtcharacter nach den jeweiligen Urkundengefetzen nicht widerftreiten. So dürfen wir uns nicht

Zunächst liegt uns alfo die Prüfung der äufzern Erscheinung und Merkmale wie des Protokolles in den fraglichen Documenten K. Otto's I von 974 Aug. 13 = [A] und K. Otto's III von 996 Sept. 15 = [B] ob. Behufs der Vergleichung habe ich die Facsimile-Fragmente Tafel I und II angefertigt. Schon ein oberflächlicher Blick auf diefelben mufz uns von der auffallenden Aehnlichkeit, vorallem der Schrift, und zwar zwischen beiden Schriftstücken vom Anfange bis zum Schlufze

ftofzen z. B. an der Goldfchrift in St. 3353. 3543, oder an den verfchiedenen Schriftzügen felbft im Contexte ein und defselben Documentes St. 3673, an dem eigenthümlichen Chrismon in St. 826, wie an fehlenden Chrismen in St. 524. 525. 1060, oder an einem unfertigen in St. 223, an der fehlenden Verbalinvocation in St. 2581, an dem auffallenden Titel in St. 1248, an dem vereinzelten Auftreten der Zeugen in St. 1975, an der ungewöhnlichen Corroboration-Formel in St. 778. 1248, an dem Fehlen des Signum in St. 1775. 3175, an den auffallenden Monogrammen in St. 56. 83. 84. 224. 290, an der fehlenden Kanzlerunterfertigung in St. 1193. 1312. 1866, wie felbft an der fehlerhaften Anführung der Kanzler in St. 1464—65. 3980 oder an der eigenthümlichen Benennung derfelben als primicerius, logotheta in St. 941. 1169. 1200, wie an ihrer unrichtig oder ungewöhnlich angebrachten Unterfchrift in St. 392. 680. 683. 1536. 1566—68. 1598. 2660. 3369, an der eigenthümlichen Datierungzeile in St. 500. 1410, wie an der Datumslofigkeit in St. 531. 545. 748. 864. 1283. 1304. 1834, aber ebenfowenig an den unmöglichen Incarnationdaten in St. 153 (Acta imp. adhuc ind. N. 209). 590 (Or. Paris). 798. 1128. 1636. 2249 (echt). 2673, oder an den fehlerhaften Tagesdaten in St. 26. 575. 741. 1589, wie an der Hervorhebung der Wochentage (feriae) in St. 87. 90. 190. 232. 412, oder an den eigenthümlichen Zahlenzeichen für Taufend in St. 1552. 2581, an der fonderbaren Befiegelung an der Rückfeite der Urkunde in St. 3173, an grünen oder rothen Wachsfiegel in St. 434. 437, wie an der Bekräftigung durch mehrere Siegel im XII. Jahrhundert in St. 4127. 4157, an den eigenthümlichen Zeichen und Zufätzen in St. 291. 1016, an dem finnlofen Copieren des Textes in St. 1320. 1863. 2140. 2201. 3043. 4990, an Rafuren in St. 392. 721. 839. 879. 1067. 1537. 1888. 1902. 2270. 2390. 2706. 4480, wie an der eigenthümlichen Beftätigung von St. 3323 durch St. 4289 u. f. w. — Dagegen wird aber auch nicht zu läugnen fein, dafz es einzelne Symptome an den Urkunden gibt, wovon bereits jedes für fich ausreichend ift, wenn auch nicht abfolut die Echtheit, fo doch gewifs die Genuinität des vermeintlichen Originals zu entkräften, fo z. B. das blofze Urkundenformat von St. * 1710. * 2384. * 3165, die bleigezogenen Linien in St. * 1770 * 1797 oder gar die tintegezogenen in St. * 154. * 1646, die Urkundenfchrift mit rother Tinte in St. * 343, das falfche Chrismon in St. * 154. * 358. * 430. * 753. * 1703. * 2080. * 2266. * 2412—* 13. * 3074—* 75. * 3096. * 3682. * 3799, die verlängerte Schrift auch in der zweiten Zeile in St. * 1143.

überzeugen. Diefe Verwandtfchaft erfcheint um fo bedeutfamer, wenn wir bedenken, dafz beide Urkunden der Zeit nach — was fich erweifen läfzt — mindeftens dreifzig Jahre auseinander liegen müfzten, alfo in einer Entfernung, welche eine derartige Uebereinftimmung in den Schriftzügen völlig ausfchliefzt. Auch ift fonft durch kein einziges Beifpiel ähnlichen Vorkommens ein folches Zufammenftimmen zwifchen der Urkundenfchrift Otto's I und Otto's III bezeugt. ¹¹)

* 1646, wie die volle Uebereinftimmung von Schriftzügen in zeitlich weit auseinanderliegenden Urkunden, wie diefz bei den Braunweiler oder Reinhardsbrunner Documenten, aber auch bei den Naumburgern St. * 2657 und * 3380 der Fall ift, die falfchen Titeln und Signa in St. * 93. * 129. * 154. * 271. *286. * 306. * 343. * 359. * 383. * 603. * 693 (angebl. Or. in München), * 933. * 946. * 1102. * 1103. * 1238. * 1412. * 1569. * 1770. * 1826 * 2643, das falfche Monogramm in St. *430. * 933. * 1012. * 1999. * 2197. * 2455. * 2749. * 2891. * 3682. * 3799, die doppelte Kanzlerunterfertigung in demfelben Documente in St. * 2682, das angehängte Wachsfiegel bereits in St. * 154. * 1412. * 2749 oder mehrere Siegel fchon unter den Ottonen in St. * 129. * 1191, ebenfo das mittelft Pergamentftreifens befeftigte Siegel in St. * 2482, wie die beinahe ganz auf Rafur gefchriebenen Urkunden von St. * 1703. * 2447. * 2657 u. f. w. Freilich treten in diefen Privilegien die bezeichneten Eigenthümlichkeiten meiftens nicht vereinzelt auf, und fo erhält die Verurtheilung all' diefer Diplome auch weiterhin noch Unterftützung. Es wird aber auch hier die Lehre volle Geltung bewahren: ftets Wefentliches von Unwefentlichem unterfcheiden zu müfzen.

¹¹) Zeigen doch felbft Documente von ganz gleichem Datum und Inhalt eine bedeutendere Verfchiedenheit in ihrer Schrift als unfere Diplome, fo z. B. die Doppelurkunde St. 71 oder 700 und 701, wie 1031 u. f. w., weil diefelben von je verfchiedenen Schreibern herrühren. Freilich ift die Erkenntnifs der urkundlichen Schriftentwicklung in der Ottonenzeit mit grofzen Schwierigkeiten verbunden und nur eine genaue Prüfung und eifrige Nachzeichnung der noch erhaltenen Originale kann uns fefte Anhaltspuncte für die richtige Beurtheilung gewähren. Dank übrigens der in beträchtlicher Anzahl vorhandenen und zwar datierten und aus ein und derfelben Reichskanzlei ftammenden Schriftftücke, ift es möglich trotz des traditionellen Beftrebens nach einer gewiffen Gleichartigkeit, und gerade defzhalb umfo ficherer, eine allmählige unverkennbare Wandlung in den Schriftzügen zu beobachten, zu deren Würdigung allerdings ein geübtes Auge nöthig ift. Aber immerhin wird man gut thun bei der Abfchätzung derfelben nur mit gröfzter Vorficht und Behutfamkeit vorzugehen und nicht mehr fehen zu wollen als wirklich nachweisbar ift. Unter folchen Umftänden darf es uns nicht Wunder nehmen, dafz felbft bewährte Paläographen älterer und neuerer Zeit fich öfter arg täufchen liefzen, fo z. B. der Altmeifter Mabillon, der St. * 943 für Original hielt, oder Beffel, der im

Sehen wir aber erſt genauer zu, dann werden des weitern in beiden Stücken, und noch dazu abweichend von dem Herkommen, die ganz gleiche Art, wie die faſt gleiche Form und Gröfze von Pergament, die beinahe durchweg gleiche Tinte in Schrift und Zeichen, ferner die vollkommen gleiche und nichts weniger als ängſtlich nachgemachte verlängerte Schrift, wie auch der gleiche feſte Charakter der Context- und Datumsſchrift, ebenſo das gleichartige Vorkommen des hier bereits feſt verbundenen doppelten u zu einem gefchlofzenen w, [12]) wie nicht minder die ganz gleiche und höchſt auffallende Abkürzungart der Verbalendung z. B. in *mandavim*us, *iubem*us, *susciperem*us [13]) u. f. w., endlich die gleiche Entfernung der Zeilen, wie überhaupt die vollkommen gleiche äufzere Anordnung fich auf das beſtimmteſte enthüllen; eine in jeder Hinficht merkwürdige Erſcheinung, die wir uns kaum anders zu erklären vermögen, als wenn wir die gleichzeitige Entſtehung beider Schriftſtücke und zwar in ein und derſelben Kanzlei und noch dazu von ein und demſelben Schreiber annehmen, der freilich in der kaiſerlichen Urkundenſchrift wol bewandert geweſen fein mufzte.

Lafzen wir uns aber dadurch nicht abhalten, jedes dieſer Diplome noch einzeln für fich durchzuprüfen und deffen Beſtandtheile nach ihren allfälligen Quellen genau auszuſcheiden.

Chronicon Gottwicenfe St. 30 und * 1012 fogar als Ottoniſche Schriftproben facsimiliren liefz, ganz das nämliche haben übrigens auch die Editoren der Origines Quelficae und Walter mit St. * 489 gethan; wogegen Jaffé wieder St. 412 für Falfificat erklärte, obgleich, bei allerdings corumpierten Daten, die Schrift (wovon ich mich im verflofzenen Herbſt felbſt überzeugt habe) unzweifelhaft echt iſt und aller Wahrfcheinlichkeit nach dem Jahre 942 zugehört.

[12]) ich finde daffelbe in derartiger Ausbildung in Wirzburger Kaiferurkunden erſt vom zweiten Decennium des XI. Jahrhunderts an, wie in St. 1583. 1584. 1638. 1888. u. f. w. Die gleichen Diplome vorher zeigen dagegen durchweg noch das getrennte doppelte uu, fo St. 101. 678. 858. 980. 1010. 1011. 1094. 1180. 1215. 1221. 1224. 1227. 1249. 1310. 1344. 1345. 1370. 1394 u. f. w. keineswegs freilich die unechte Urkunde St. * 1012; ein Fingerzeig, dafz unfer Schreiber hierin wie auch fonſt weniger sclavifch feine Vorlagen copierte, fondern mehr in der ihm geläufigeren Schreibart feiner Zeit gefchrieben hat.

[13]) mir iſt fonſt kein einziges ähnliches Beifpiel in Ottoniſchen Kaiferurkunden für Deutfchland begegnet.

[A.] Soviel läfzt fich aus dem gefagten allerdings mit Sicherheit fchliefzen, dafz mindeftens das ältere unferer Documente, die Urkunde K. Otto I kein Orignal fein kann. Dazu pafzt, dafz freilich die Einfchnitte in das Pergament für ein Siegel, aber keine Spuren mehr der Einprägung (wenigftens für unfere Beobachtung) vorhanden find. Aber woher dann ihre auffallende Aehnlichkeit mit dem fpätern Diplome K. Otto's III, wenn letzteres wirklich Original fein follte? Aus der kaiferlichen Kanzlei Otto's III felbft, was doch der Fall fein müfzte, konnte unfer Document nicht herühren, denn meines Wifzens wurden dort allerdings Beftätigungen älterer Privilegien, niemals aber Copien, noch dazu mit Nachahmung aller urfprünglichen, auch äufzern Formen, ausgefertigt. Und gegen eine fonftige blofze Nachbildung aller äufzern Merkmale, — jedoch ftets mit Bezugnahme auf die jüngere Urkunde Otto's III, die unbedingt vorgelegen haben müfzte, — fpricht vor allem die gleichmäfzige Sicherheit und Gewandtheit in der Durchführung. So fehen ängftlich imitierte Schriften nicht aus. [14]) Auch wäre es einem Nachfchreiber im gegebenen Falle gewifs viel näher liegend und zugleich einfacher gewefen, die Schriftzüge einer Urkunde Otto's I ftatt jene Otto's III wiederzugeben. Dafz diefz aber nicht gefchehen ift, wenigftens nicht vorwiegend bei den äufzern Merkmalen, dafür liefert uns, aufzer jener Uebereinftimmung in der Schrift, unfer Diplom felbft noch ein befonderes Kennzeichen von untrüglicher Beweiskraft.

Diefes Zeichen ift das für die Diplomatik fo bedeutfame und zugleich erfte in jeder Urkunde, das Chrismon. Wer die Entwicklunggefchichte deffelben in den Originalen aus unfrer Epoche verfolgt, kann die Beobachtung machen, dafz die deutfche Reichskanzlei des X. Jahrhunderts zunächft deffen unter Hludwig des Deutfchen Notare Heberhard feit 859 ausgebildete Form [15]) übernommen und im wefentlichen bis zum Schlufze von

[14]) einen höchft intereffanten und belehrenden Fall liefert St. * 718, das durchweg den Charakter der ängftlichen Nachahmung bis zur völligen Sinnlofigkeit, befonders in der verlängerten Schrift, zeigt.

[15]) Vgl. Stumpf Reichskanzler I, 55 (Anm. 53) ff. und Böhmer Reg.-Karl. 792. 794. 801. 804. 813. 818. 821. 822. 826. 848. 858. 867. 869. 886. 944. 950. 976. 1026. 1035. 1047. 1051. 1052. 1078. 1155. 1156. 1183. 1215. 1237. 1244. 1247. 1252. 1253. u. f. w. Ueber das ältere karolingifche Chrismon vgl. Sickel Acta Kar. I, 295.

Brun's Kanzleiführung d. i. bis 953 beibehalten hat. [16] Daraufhin wurde demselben über zwei Decennien hindurch, bis zum Eintritt Hildebald's in die Reickskanzlei um 977, von den Schreibern allerdings die manigfachste Gestalt gleichsam versuchsweise, um eine neue Form zu gewinnen, gegeben. [17] Endlich aber unter Hildebald erhielt dasselbe eine feste Form, welche mit geringen Modificationen [18] fast ausschliefzlich das ganze XI. Jahrhundert durch bis in das XII. hinein, wo es dem einfachen C Platz machte, in Gebrauch geblieben ist. Ein besonderes Gesetz der Entwicklung ist also auch hier nicht zu verkennen. [19] Diese für uns sehr beachtenswerthe Hildebald'sche Form des Chrismon — wie wir sie nennen wollen — besteht im wesentlichen darin, dafz sich um den runden Schaft wie um die verticalen Endungstriche des $C_i^!$ eine Spiral-Linie windet, deren Lauf anfangs etwas unterbrochen, [20] später aber (besonders seit den neunziger Jahren des X. Jahrhunderts) als ununterbrochen erscheint, [21] indefz die

---

[16] vgl. St. 1. 4. 13. 15. 21. 23. 47. 56. 58. 70. 71. 74. 77. 83. 86. 95. 98. 101. 105. 110. 117. 118. 126. 131. 134. 136. 141. 150. 163. 173. 179. 182. 232 (echt) u. f. w.

[17] vgl. St. 228. 235. 244. 246. 251. 284. 290. 449. 451. 474. 477. 482. 486. 488. 519. 529. 530. 547. 564. 565. 567. 574. 582. 600. 608. 612. 616. 617. 625. 626. 627. 637. 638. 644. 649. 650. 660. 663. 687. 691. 700. 701. 702. 712. u. f. w., vgl. auch unten Anm. 24.

[18] fo z. B. in den Jahren 1008—12 vgl. St. 1499. 1538. 1539. 1541. 1542. 1553 u. f. w. darnach die schlechte Nachahmung in St. * 1708. * 2032; — oder das mit Puncten eingefafzte Chrismon seit 1040 in Stumpf Acta imp. ined. N. 296 und St. 2203. 2207. 2216. 2219. 2231. 2249. 2372. 2441. 2552. 2627 u. f. w., darnach schlecht nachgezeichnet in St. * 2379. * 2403. * 2407. * 2891. * 3006 u. f. w.

[19] fo zwar, dafz oft schon aus der Form des gebrauchten Chrismon mit grofzer Sicherheit auf die Entstehungzeit gefälschter Urkunden geschlofzen werden kann. So verrathen ihren Urfprung aus dem XII. Jahrhundert z. B. St. * 154. * 693. * 753. * 1012. * 1703. * 2080. * 2412. * 2413 u. f. w. Wegen der Schwierigkeit der Nachzeichnung sind Chrismen in entschieden unechten wie auch in nachgebildeten Documenten häufig weggelafzen worden, so in St. * 93. * 359. * 483. 633. * 705. * 718. * 870. 887. * 1770. * 1797. * 2384 u. f. w.

[20] vgl. St. 731. 754. 772. 773. 806. 815. 816. 877. 878. 881. 886. 905. 906. 920. 922. 942. 947. 962. 969. 973. 993. 1001. 1003. 1009. 1016. 1036. 1050. 1115. 1119. 1120. 1128 u. f. w.

[21] vgl. St. 1109. 1114. 1186. 1187. 1211. 1309. 1313. 1346. 1354. 1372. 1375. 1397. 1415. 1420. 1732. 1834. 1876. 1973. 2005. 2020. 2035.

Höhlung des C mit Abkürzungzeichen angefüllt ist. Gerade diefer letztern Geftaltung gehört nun das Chrismonzeichen unfer Urkunde an, [22]) wie es der Reichskanzlei befonders am Schlufze des X. Jahrhunderts und in den erften Decennien des XI. geläufig war. Da daffelbe dem frühern Kanzleigebrauche völlig fremd ift [23]) und am allerwenigften in den Jahren 962—66, [24]) welchen der Kanzleiunterfertigung gemäfz unfer Diplom angehören müfzte, vorkommt; da es ferner gleichzeitig mit der Textfchrift unfrer Urkunde gemacht erfcheint und fomit die Annahme einer fpätern Zeichnung geradezu ausgefchlofzen ift; und da endlich allerdings hier und da ein Chrismon älterer Geftalt wiederholt werden konnte, [25]) niemals aber vereinzelt eine dreifzig Jahre fpätere Form anticipiert wurde; fo dächte ich, fteht uns damit ein Beweismittel zur Verfügung, welches allein fchon ausreichend ift um jeden Zweifel darüber zu verfcheuchen, dafz wir es hier im günftigften Falle nur mit einer Copie aus dem Ende des X. Jahrhunderts, wahrfcheinlicher fogar erft aus dem XI, nimmermehr aber mit einem Originale zu thun haben.

Freilich foll damit nicht behauptet werden, dafz nicht auch äufzere Merkmale vorhanden find, welche uns zwingen, wenig-

---

2059. 2067. 2144. 2145. 2147. 2164. 2195. 2198. 2217. 2226. 2232. 2249. 2349. 2355. 2416 u. f. w. vgl., auch die folgende Anmerkung.

[22]) Es ift eine für unfere Unterfuchung wol zu beachtende Thatfache, dafz das erfte kaiferliche Diplom des Wirzburger Archives, welches ein mit dem unfrigen völlig gleiches Chrismon zeigt, d. i. die Urkunde K. Otto's III von 999 Apr. 14 (St. 1180), fich auch fonft noch vielfach als Mufterdocument erweifen wird. Von da ab finden wir in den Kaiferurkunden für Wirzburg daffelbe Chrismon als Regel, fo St. 1215. 1221. 1224 (eigenthümlich geformt), 1227. 1249. 1310. 1337. 1344. 1345. 1370. 1888 u. f. w.; dagegen früher nur die ältere Hildebaldifche Form, fo in St. 980. 1010. 1011. 1094.

[23]) wo uns daffelbe früher begegnet, gefchieht es nur in Diplomen, die auch fonft fchon verdächtig und unhaltbar find, wie St. * 358. * 378. * 379. * 430. * 546 * 686 u. f. w.

[24]) mir find fämmtliche noch erhaltenen Originale der deutfchen Reichskanzlei aus jenen Jahren bekannt, aber kein einziges zeigt ein Hildebaldifches Chrismon; gewifs ein fchwer wiegendes Argument gegen die Genuinität unfrer Urkunde. Man vgl. nur St. 301. 350. 375. 376. 377. 381. 388. 389. 398. 399. 402. 405. 409. 411. 522. 556 und 560.

[25]) wie z. B. in St. 148. 162. 381. 388, wie ja öfters in Beftätigungurkunden auch ältere Protokoll-Theile copiert wurden.

ſtens die Benützung von Urkunden K. Otto's I oder Otto's II vorauszuſetzen. Zu dieſen rechne ich zunächſt das **Monogramm**, welches als einfaches Namens-Monogramm [26]) (allerdings vollzogen jedoch nicht vom Kaiſer) unmöglich einem Diplome K. Otto III aus dem Schlufze der Jahrhunderts entnommen ſein kann, denn um dieſe Zeit herrſchte bereits ausſchliefzlich das kaiſerliche Titelmonogramm.

Das gleiche gilt bezüglich des vorhandenen **Recognitionzeichens**. In Diplomen K. Otto's III findet ſich keines mehr und es konnte daſſelbe darum, wie auch das Namens-Monogramm, nur einer Muſterurkunde Otto's I oder Otto's II entlehnt worden ſein. [27]) Aber daraufhin auf weiteres zu ſchliefzen, ſind wir — ſchon den gewonnenen Reſultaten gegenüber — durchaus nicht berechtigt. Und daſſelbe ſogar in „ein kräftiges Beweismittel für die Echtheit" unſrer Urkunde umwandeln zu wollen, weil „ein Falſarius der die Entwicklung des Recognitionzeichens nicht kannte, unmöglich auf eine ſolche Form hätte verfallen können", [28]) heifzt doch wahrlich mit Scheingründen

---

[26]) als ſolches iſt es aus der Karolingerzeit (vgl. Stumpf Reichskanzler I, 100 ff. Sickel Acta Kar. 1, 316) in die ſächſiſche Reichskanzlei übernommen worden und dauerte ununterbrochen bis 976, wo der Kanzler Egbert das kaiſerliche Titelmonogramm in beiden Kanzleien einführte, vgl. St. 676. 678—82. 684. 687. 691. 692. 700. 702. 703. 710. 721. 731. 736. 744. 746. 784 u. ſ. w. Nur ſelten findet ſich noch in den ſpätern Urkunden Otto's II das Namens-Monogramm ſo St. 683. 701. — Was aber früher mit kaiſerlichen Titelmonogramm verſehen iſt, darf zweifellos verworfen werden wie St. * 430, ebenſo ſelbſtverſtändlich was damit von königlichen Urkunden Otto's III ausgeſtattet erſcheint, wie St. * 933. * 1012. Die kaiſerlichen Documente des Letztern haben dagegen durchweg das kaiſerliche Titelmonogramm (St. 1250 iſt gewifs fehlerhaft) und ſelbſt deſſen königliche Diplome zeigen bereits wiederholt ein königliches Namensmonogramm, ſo St. 923. 947. 968. 981. 988. 1013. 1036. 1050. 1055. 1056. 1061. 1283. (Facs. bei Erhard Cod. Weſtf. 1, Taf. 1, N. 15). Ueber falſche Monogramm vgl. oben Anm. 10.

[27]) daſſelbe hört unter demſelben Kanzler Egbert gleichfalls auf und kommt von der Zeit ab in Urkunden Otto's II nur mehr ſelten vor, ſo in St. 681. 682. 684. 702. 754. 766. 781. 839—42 u. ſ. w. Erſt gegen ſechzig Jahre ſpäter erſcheint es in den Diplomen K. Heinrichs III wieder, St. 2203. 2207. 2209. 2211. 2224. 2231. 2232. 2233. 2236. 2237. 2250. 2252. 2274. 2342. 2365. 2442. 2472. 2508 u. ſ. w.

[28]) Breſzlau Die Wirz. Imm. L c. 93.

fechten und widerfpricht geradezu den Thatfachen. Das Recognitionzeichen unfres Diploms wie überhaupt in diefer Zeit ftcht vielmehr im vollften Gegenfatze zu den Formen deffelben aus der ältern Epoche und ift bereits jedes individuellen Characterzuges entkleidet. Defzhalb konnte es ftets von jedem irgend nur aufmerkfamen Fälfcher ohne alle Schwierigkeiten nachgeahmt werden, wie es denn auch wirklich wiederholt nachgemacht worden ift. [29])

Noch beftimmtere Anhaltspuncte für die Benützung fpeciell eines Diploms K. Otto's I liefern uns Theile aus dem Contexte wie aus dem Protokolle unfrer Urkunde. Erfterer bietet in feiner ganzen Gliederung nichts auffallendes dar, es wäre denn, dafz die Einleitung nicht, wie fonft herkömmlich ift, aus den ältern Immunitätprivilegien, also hier z. B. aus Documenten K. Konrads I und Heinrichs I, fondern der Zehnten-Schenkungurkunde Heinrichs I [30]) entnommen ift, was unwillkürlich an das Diplom Otto's III von 992 Dec. 31 erinnert, worin dem Bisthum Wirzburg Zehnten und Immunität vereint beftätigt werden. — Hingegen deuten die Sätze: *genitorisque nostri Heinrici — pro nostrae dilectissimae coniugis Adelheidae imperatricis amore* — ganz beftimmt auf eine Urkunde Kaifer Otto's I hin. Auch die Orthographie der Eigennamen, wie *Hludouici — Cônradi* [31]) — *Bobbo* ift zeitgemäfz. Nur die Corroborationformel: *sigillique* [32]) *nostri impressione insigniri imperavimus* erregt im Schlufzwort Bedenken. Denn kommt der Ausdruck „*imperamus*" im Contexte vor Kaiferurkunden nur überaus felten vor, [33]) fo erft recht ganz und gar nicht, wenigftens mei-

---

[29]) vgl. St. * 247. * 248 * 357. * 358. * 430. * 481. * 489. * 546 u. f. w.
[30]) St. 7.
[31]) Böhmer Reg. Kar. 1236 im Titel.
[32]) regelrechter erfcheint um diefe Zeit (960—70) allerdings *anuli impressione*, und *sigilli impressione* ift befonders geläufig in gefälfchten Diplomen, wie St. * 271. * 300. * 306. * 308. * 347. * 378 u. f. w. Allein es ift doch auch durch Originale bezeugt, fo St. 274. 315. 346. 403 — in St. 424 fteht fogar: *anulo sigilli noftri.*
[33]) z. B. in den Pfefferfer Urkunden bei Böhmer Reg. Kar. 557 und davon abgeleitet in St. 174. 320. 508. 570 u. f. w., wol aber in gefälfchten Documenten z. B. K. Illudwigs des Frommen von 822 Apr. 2 für S. Maximin (Sickel Acta Kar. 2, 421).

nes Wifzens, in der Corroborationformel und ift jedenfalls unkanzleimäfzig. Ich betone diefz befonders defzhalb, weil fich gerade auch in der Corroboration unfres Diploms Otto's III ein nicht unerheblicher Fehler wird aufweifen lafzen.

Das Protokoll endlich darf als tadellos und echten Urfprungs bezüglich der Verbal-Invocation, der kaiferlichen Titulatur und Unterfchrift, wie auch hinfichtlich der Kanzleiunterfertigung erklärt werden. [34]) Letztere mit: *Liudolfus cancellarius ad vicem Willihalmi* [35]) *archicapellani recognovi* von demfelben Schreiber, welcher die übrige Urkunde gefchrieben, hat für uns noch befondere Wichtigkeit, weil mittelft derfelben die Abfafzungzeit unfrer Kaiferurkunde zwifchen die Jahre 962 Feb. 2 (die Kaiferkrönung) und 966 Aug. 27 (das letzte Vorkommen Liudolfs als Kanzler bei Otto I [36]) eingedämmt wird.

Aber freilich fteht mit diefem Refultate der Schlufztheil des Protokolls, die Datumszeile in allerdirecteftem Widerfpruche und gefährdet nicht minder, als es die äufzern Merkmale gethan, die Genuinität unfres Originals. Denn fie lautet: *Data idus Augusti, anno dominice incarnationis DCCCCLXXIIII* (urfprünglich fogar *DCCCCLXXXIIII), indictione II, anno vero regni domni Ottonis XV, imperii VII. Actum Rore.* Wenn jedoch um diefe Gefahr zu heben, einfach behauptet wird, dafz diefe Datumszeile rein „fingiert" und „fpäter hinzugefügt" worden fei, [37]) fo macht man fich damit die Arbeit allerdings fehr leicht, allein es wird uns gleichfalls kaum fchwer fallen diefe Einwürfe, wie fie fachlich unrichtig find, auch als unzuläfzig betreffs ihrer Beweisführung zu befeitigen. Das urfprüngliche Fehlen der Daten würde für fich allein unfre Urkunde allerdings nicht verdächtigen, wie diefz ebenfowenig z. B. bei den datenlofen Originalen

---

[34]) Es ift wol zu bemerken, dafz das Wirzburger bifchöfliche Archiv nur eine Königsurkunde Otto's I (St. 101) aber kein Kaiferdiplome deffelben bewahrte; die Vorlage für unfer Privileg wird demnach wahrfcheinlich vernichtet worden fein.

[35]) fo auch in St. 252 — (freilich defzgleichen in dem entfchieden gefälfchten St. * 250); aber immerhin dürfte gerade diefe Ausnahmform dafür beweifend fein, dafz unferem Diplome ein Original vorgelegen haben mufzte.

[36]) St. 411.

[37]) Brefzlau Die Wirzb. Imm. l. c. 93.

St. 531. 545. 748. 864. 1283. 1304. 1834 u. f. w. der Fall ift. Aber dann müfzte fie in allen ihren übrigen Beftandtheilen geradefo unanfechtbar daftehen wie jene, was doch nach allem Vorhergefagten gewifs Niemand mehr behaupten wird, ebenfowenig als z. B. von den gleichfalls datenlofen aber dennoch gefälfchten Diplomen St. * 1286. * 2514. * 2520 gefagt werden kann, fie feien trotz ihrer Undatiertheit echt. — Für unrichtig mufz defzgleichen die Einwendung bezeichnet werden, dafz unfre Datumszeile von anderer Hand gefchrieben fei als der übrige Urkundentext; denn der Vergleich gerade diefer Theile in den beiden fraglichen Diplomen Otto's I und Otto's III erhärtet deren Verwandtfchaft und macht jede derartige Gegenbemerkung hinfällig. Aber felbft zugegeben es wäre dem fo, was foll damit bewiefen werden? Dafz in unbezweifelten Originalen die Datumszeile ganz wie theilweife von anderer Hand und mit anderer Tinte gefchrieben erfcheint und zwar in viel auffallenderer Weife als bei unferem Privileg, trifft fo unzähligemale zu, dafz man, befonders auf Grund der erklärenden Urfachen diefes Vorganges, beinahe berechtigt wäre ihn als Regel hinzuftellen, [38]) ficherlich aber aus einer Verfchiedenheit der Datumsfchrift nicht im entfernteften einen Verdacht gegen die Echtheit der betreffenden Urkunde felbft fchöpfen dürfte. — Etwas anderes freilich wäre es, wenn fich fchliefzlich das Datum inhaltlich als blofze „Fiction" erweifen würde, wie denn auch diefer Vorwurf meines Erachtens am fchwerften wiegt. Dafz dergleichen Fälle mitunter vorkommen, ift richtig, jedoch nur in Fälfchungen der allerroheften Art, [39]) wovon bei unfern Diplomen felbftverftändlich nicht die Rede fein kann. Ich glaube vielmehr nachweifen zu können, dafz unferm Schreiber auch hier wieder ein beftimmtes Mufter vorgelegen haben mufz, deffen Daten wie protokollarifche Fafzung derfelben er genau eben fo copierte, wie in allen oben bereits hervorgehobenen Stellen. Und diefes Mufter war ein Diplom K. Otto's II und zwar höchftwahrfcheinlich das auf unfer Privileg zeitlich nächftfolgende des Wirzburger bifchöflichen Archives.

---

[38]) wie allgemein diefe Sitte verbreitet war, erfehen wir am beften daraus, dafz felbft Copiften und Fälfcher fie kannten und befolgten, man vergleiche nur St. * 369. * 483. * 546. 887. * 933. * 2241. * 2412. * u. f. w.
[39]) vgl. St. * 144. * 546. * 559. * 1826. * 1838. * 2489 u. f. w.

Denn das Zutreffende der Datierung-Eigenthümlichkeit aus Urkunden Otto's II ift in unfrer Nachbildung fo überrafchend grofz, dafz fich von felbft die Annahme unfrer Behauptung nicht blofz rechtfertigen, fondern auch vollkommen erklären läfzt; während bei der Vorausfetzung einer Fiction alles gleichfam dem blinden Zufalle preisgegeben werden müfzte. Und bei fo bewandten Umftänden dürfte die Wahl unfrer Zuftimmung wahrlich nicht fchwer fallen. — Worin befteht nun die Eigenthümlichkeit der Datierung unter K. Otto II? Die Antwort klingt allerdings fonderbar, wenn es heifzt: hauptfächlich in einer Nachläfzigkeit, Unregelmäfzigkeit und Unrichtigkeit und zwar in fämmtlichen Theilen derfelben und gleichmäfzig in den von beiden Kanzleien ausgefertigten Documenten, wie fie uns in gleich hohem Grade in den Urkunden keines unfrer älteren Kaifer fonft begegnet ift. Von den ungefähr 270 noch erhaltenen, datierten, echten Diplomen haben innerhalb der zehn Jahre von 973—983 nur gegen 44, alfo kaum der fechste Theil aller, durchweg correcte Daten im Sinne unfrer Berechnung und Reduction aufzuweifen. Und felbft wenn wir, wie billig, die eigenartige Datierung z. B. der Kanzler Willigis und Gerbert betreffs der Incarnation oder des Kanzlers Egbert und in den Jahre 982—83 hinfichtlich der Regierungepoche u. f. w. in Anfchlag bringen, [40]) fo bleiben immerhin der groben Fehler noch genug in Hülle und Fülle übrig, nicht blofz in einer oder der andern Richtung fondern gleichmäfzig bei Berechnung der Incarnation- [41]) und der Königsjahre, [42]) wie auch hinfichtlich der Indiction [43]) und der Monatstage, [44]) am wenigften noch bei den kaiferlichen Regierungjahren. [45]) Und defzgleichen

---

[40]) vgl. Stumpf Reichsk. 2, Einleitung Seite 12.
[41]) St. 590 (Or. in Paris mit 984). 592. 661. 683. 702. 704. 711. 712. 713. 714. 721. 730. 798. 815. 816. 817. 826 u. f. w.
[42]) vgl. St. 634. 728. 736. 740. 851. Acta imp. adhuc ined. N. 236.
[43]) vgl. St. 575. 576. 579. 580. 582. 607. 700. 701. 702. 708. 735. 736. 758. 760 u. f. w.
[44]) vgl. St. 575. 583 mit 584, 613 mit 614, 634 mit 635 (ob aber Or.?), 657 mit 656 und 658, 741. 750 mit 752, 828 mit 829 u. f. w.
[45]) vgl. St. 575. 578. 579. 580. 582. 637. 641. 644. 649. 650. 657 u. f. w.

glaube ich das öftere Verfäumen in der Ausfüllung der Daten ⁴⁶) und deren fichtbar fpätere Ergänzung, ⁴⁷) wie auch das allzuhäufige Verfchreiben ⁴⁸) und defzhalb nothwendige gleichzeitige Corrigieren ⁴⁹) gröftentheils auf Rechnung der Vergefzlichkeit und der Fahrläfzigkeit der Kanzleien fetzen zu können, die felbft wieder in dem grofzen Wechfel der Kanzler unter K. Otto II wenigftens ihre theilweife Erklärung finden dürften.

Sehen wir daraufhin die Datumszeile unfres Diploms näher an und vergleichen wir fie z. B. mit jenen in den Urkunden K. Otto's II aus demfelben und dem nächftliegenden Jahre d. i. von 973—974, fo werden wir eine fo auffallende Uebereinftimmung gerade in den gemeinfamen Fehlern antreffen, dafz fich uns die einzig mögliche Schlufzfolgerung von felbft aufdrängen mufz. ⁵⁰) Das Incarnationjahr in unferm Privileg war urfprünglich verfchrieben: *DCCCCLXXXIIII*, ganz ebenfo lautet es aber in dem noch erhaltenen Original in Paris St. 590; — das königliche Regierungjahr zeigt ferner irrig: *anno vero regni domni Ottonis XV*, aber einen noch viel ärgern Fehler mit: *anno regni domni Ottonis IIII* weist heute noch das gleichzeitige Diplom St. 634 auf; — der Monatstag: *idus Augusti* in Verbindung mit dem Ausftellort: *Rore* ⁵¹) endlich fteht in directem Conflicte mit der Originalurkunde vom felben Tage, jedoch mit dem Ausftellort: *Imeleba* in St. 632, aber ganz gleichmäfzig collidieren z. B. die Originale St. 575 mit 585 oder St. 583 mit 584, wie St. 613 mit 614 und St. 634 mit 635; ⁵²) — nur die *anni imperii VII* und die

---

⁴⁶) St. 616. 683. 744. 858 u. f. w.
⁴⁷) St. 607. 627. 637 u. f. w.
⁴⁸) St. 572. 575. 583. 590. 614. 657. 741. 822. 829 u. f. w.
⁴⁹) St. 547. 627. 637. 644. 649. 691. 750. 816 u. f. w.
⁵⁰) ganz ebenfo lafzen die fehlerhaften Daten in entfchieden gefälfchten Urkunden Otto's II auf benutzte echte Mufter fchliefzen, z. B. bei St. * 685 (wahrfcheinlich auf Grundlage von St. 683 gemacht), defzgleichen bei St. * 693 (angebliches Or. jetzt in München) u. f. w.
⁵¹) Wie vor diefer Zeit, fo haben auch nachher noch unfre Kaifer fich hier aufgehalten, wie St. 11. 97. 263—66 und 1361 beweifen, alfo keineswegs wie Brefzlau, Wirzb. Imm. l. c. zur Begründung feiner „Fiction" behauptet.
⁵²) man beachte wol, dafz in all' diefen Fällen durch kleine paläographifche Correctur leicht geholfen werden könnte. So z. B. auch bei unfrer

indictio II unfrer Datumszeile find, aber auch darin wieder entfprechend faft allen noch erhaltenen Originalangaben aus dem Jahre 974, [53]) correct und mit denfelben übereinftimmend. Ich dächte, alle diefe Thatfachen fprechen für fich fchon laut genug und lafzen der Idee einer Fiction wenig Spielraum mehr übrig. Aber wir befitzen noch einen directen Nachweis dafür, dafz unfre Datumszeile aus einer Urkunde K. Otto's II hergenommen fein müfze oder wenigftens, dafz fie als folche und zwar von altersher im Wirzburger bifchöflichen Archive angefehen wurde. Denn in der auf unfer Privileg zeitlich nächftfolgenden Kaiferurkunde des genannten Archives, nämlich in dem Original K. Otto's II von 976 Juli 5 (St. 678) läfzt fich heute noch eine fehr alte Correctur des urfprünglichen und kanzleimäfzig richtigen Datums der: *anni regni XV* mittelft Hinzufügung von *II* in *XVII* beobachten. Diefe vermeintliche Verbefzerung, ohne jede fonftige Analogie und ohne jeden anderweitigen Anhaltspunct, kann einzig und allein nur dadurch erklärt werden, dafz fchon frühzeitig gefucht wurde die fämmtlichen um zwei Jahre jüngern Jahresdaten diefer Urkunde auch bezüglich ihrer *anni regni* mit jenen des im Wirzburger Archiv unmittelbar vorhergehenden Diploms K. Otto's II, d. h. mit den Daten unfres Documentes in Einklang zu bringen. Ich will hier unentfchieden lafzen, ob diefz auf Grund unfrer vermutheten Vorlage oder unfres Diplomes felbft gefchehen ift; jedenfalls fteht foviel feft, dafz diefz nur in der Vorausfetzung ftattfinden konnte, dafz unfre Datumszeile einer Urkunde K. Otto's II angehöre. Und mehr wollte und brauchte ich nicht zu beweifen. [54])

Urkunde einfach dadurch, dafz in St. 632 eine hier fehlende Zahl vor „*idus*" angenommen wird.

[53]) vgl. St. 617 (Or. in Gent mit *ann. imp. VII.*) 624. 625. 626. 628. 632. 634 u. f. w.

[54]) Die gleichzeitige Regierung zweier Kaifer und das eigenthümliche Verfahren in der Datierung ihrer gleichzeitig ausgeftellten Urkunden, fo zwar, dafz z. B. in den Diplomen K. Otto's II oft ohne jedwede nähere Bezeichnung nur die Regierungdaten K. Otto's I aufgeführt wurden (vgl. die Originale St. 564. 565), konnte Fälfcher leicht zu weitern Verwechslungen verleiten, fo dafz hinwieder Daten Otto II in gefälfchten Urkunden Otto's I. aufgenommen erfcheinen, wie in St. * 144. * 546. Acta imp. adhuc ined. N. * 214. * 222.

Blicken wir auf das bisherige Ergebnifs der Prüfung unfres Privilegs K. Otto's I zurück, fo wird zweifelsohne zuzugeben fein, dafz Theile des Contextes wie des Protokolls allerdings auf eine Urkunde Otto's I aus den Jahren von 962—966 hindeuten, dafz aber die Datumszeile jedenfalls einem Documente Otto's II von 974 Aug. 13 entlehnt fein mufz, dafz ferner die Schrift eine fo vollftändige Uebereinftimmung mit derjenigen in der Urkunde K. Otto's III von 996 Sept. 15 verräth, dafz beide nur gleichzeitig gefchrieben fein können, dafz aber zugleich einzelne Zeichen, wie z. B. das Chrismon und gewiffe Lautkürzungen oder die Dorfualauffchrift, deren gleichartige Schriftzüge uns in Wirzburger Kaiferorginalen erft im XI Jahrhunderte (insbefondre zwifchen 1025—1042) begegnen, fogar auf fpätere Entftehung fchliefzen lafzen; — alfo genug der Gründe, um mindeftens die Genuinität unfres Diploms nicht weiter aufrecht zu erhalten, aber auch hinreichend, um es uns offen einzugeftehen, dafz hiermit zugleich die erheblichften Bedenken gegen die Echtheit felbft wachgerufen find.

[B.] Es könnte defzhalb für das Diplom Otto's I nur Gewinn und Nutzen daraus erwachfen, wenn durch die Unterfuchung der Urkunde K. Otto's III von 996 Sept. 15, an die wir jetz herantreten müfzen, fich betreffs der Originalität wie Integrität derfelben ein günftigeres Ergebnifs herausftellen würde, als diefz bei dem Privileg Otto's I von 974 der Fall war. Denn alsdann liefze fich, wenn auch mit nur geringer Wahrfcheinlichkeit, immerhin die Annahme einer, freilich fehr nachläfzigen und fehlerhaften Copie vertheidigen, [55]) die aber jedenfalls fällt, wenn die jüngere Urkunde gleichen Inhalts fich auch nicht als ftichhaltig bewähren follte.

---

[55]) Mir ift hiefür ein intereffanter Beleg in einer Reihe von Urkunden bekannt, die, unter fich, obgleich zeitlich noch weiter auseinanderliegend und theilweife verfchiedenen Inhalts, dennoch die ganz gleichen Schriftzüge, auch beinahe die gleichen Mängel an diplomatifch äufzern Merkmalen, z. B. fehlendes Chrismon, falfches Siegel u. f. w. aufweifen, aber durch die unläugbar echte Kanzleiunterfertigung in dem jüngften diefer Diplome fich (ähnlich wie St. 3196. 3197. 3410) als im Klofter angefertigte Copien entpuppen, wovon nur letztere der königlichen Beftätiguug unterbreitet worden ift. Es find diefz die

Eine nähere Befichtigung des Diploms Ottos III ergibt im Gegenfatze zu dem Privileg Otto's I, aufzer der bereits hervorgehobenen Aehnlichkeit der Schriftzüge, welche aber felbftverftändlich für die jüngere Urkunde minder gravierend erfcheinen mufz, in allen übrigen äufzern Merkmalen eine viel gröfzere Correctheit und Uebereinftimmung mit dem Herkommen, als wir oben bei der Prüfung des ältern Documentes feftftellen konnten. Denn Chrismon, Monogramm, deffen Vollzugsftrich gleichfalls nicht durch den Regenten felbft gemacht erfcheint, wie auch Siegel, das abgefallen aber echte Form zeigt, erregen keinen Verdacht und wenn trotz alledem der Unterfchied auch hierin im Vergleich mit der Urkunde vom felben Tage (St. 1094) immerhin erheblich genannt werden mufz, fo genügte er für fich allein doch keineswegs, um die Originalität unfres Documents mit voller Gewifsheit zu beftreiten.

Haben wir uns oben hauptfächlich mit den äufzern Merkmalen zu befchäftigen gehabt, fo wird dagegen hier unfre Aufmerkfamkeit wefentlich auf die Beftandtheile des Protokolls gerichtet fein müfzen, wenn wir dem vorgefteckten Ziele unfrer Unterfuchung näher kommen wollen. Um diefz aber mit einiger Ausficht auf Erfolg bewerkftelligen zu können, müfzen wir — in Ermanglung einer genauen und zuverfichtlichen Unterfuchung diefes Gegenftandes — zunächft felbft einen Rückblick auf die Entwicklung der Ottonifchen Diplomatik, wenigftens hinfichtlich des Protokolls werfen, damit wir auf Grund des jetzt zugänglichen umfafzenden Materials die hierbei mafzgebenden Gefetze kennen lernen.

Die Ottonen haben bekanntlich die Kanzlei und deren Bethätigung von den Karolingern überkommen. Sind auch die Grundprinzipien derfelben in Ausftellung und Ausfertigung der

---

ältern Diplome der Abtei Werden an der Ruhr (Böhmer Reg. Kar. * 171. 888. St. 30. 633. 887 und 1315), deren Originale vielleicht durch Brand oder anderswie befchädigt oder in Verluft gerathen, von Schreibern des Klofters zu Anfang des XI Jahrhunderts in einer der Originalausfertigung annähernd ähnlichen Form erneuert worden find. Wir würden alfo fehr irregehen, wollten wir diefelben in Baufch und Bogen für Fälfchungen erklären; — Originale freilich find fie, mit Ausnahme der letztern, trotz Nachbildung aller äufzern Formen, nicht.

Urkunden vorerſt dieſelben geblieben, ſo haben im Laufe des X Jahrhunderts doch vielfache Aenderungen ſtattgefunden, welche gleichſam eine Vervollkommnung und eine neue Grundlage für das Urkundenweſen der folgenden Zeit abgeben ſollten. Die allerwichtigſte dieſer Aenderungen dürfte in der ſeit 962 durchgeführten Einrichtung einer doppelten Kanzlei oder richtiger der vollſtändigen Trennung der deutſchen und italieniſchen mit ſelbſtändigen Kanzlern und Erzkanzlern beſtanden haben. [56]) Die Folgen dieſer Maſzregel haben nicht lange auf ſich warten laſzen und ſind bald allſeits und andauernd fühlbar geworden.

Denn gerade ſo wie unter den Karolingern [57]) erweiſen ſich auch hier politiſche Ereigniſſe wie perſönliche Einwirkungen, beſonders der Kanzler, und zwar einzeln oder vereint als jene Mächte, welche vor allem eine Umgeſtaltung und Veränderung auf diejenigen Theile des Urkundenweſens auszuüben vermochten, die wir als die beweglichſten und deſzhalb auch empfindlichſten bezeichnen müſzen, d. i. auf das Protokoll. [58]) Jeder Wechſel in

[56]) Ich kenne vor dieſer Zeit nur einen kurzen und noch dazu unvollſtändigen Verſuch einer derartigen doppelten Kanzleiführung, mehr nur als Formalität geübt, da nicht auf die Hauptperſonen, die Kanzler, ſondern nur auf die Erzkanzler Bezug genommen worden iſt. Das geſchah unter K. Ludwig dem Blinden, deſſen Kanzler Arnulf (900—905) die burgundiſchen Urkunden im Namen des Erzbiſchofs Ragenfred von Vienne als burgundiſchen Erzkanzler (vgl. Bouquet 9, 680. Böhmer Reg. Kar. 1470. 1474. 1475 u. ſ. w.), dagegen die italieniſchen Diplome im Namen des Biſchofs Liutuard von Como als italieniſchen Erzkanzler recognoſcierte (vgl. Böhmer Reg. Kar. 1455. 1456. 1457. 1459. 1461. 1462. 1466. Ughelli It. ſacr. 5. 271. Mon. patr. Chart. 2, 21 u. ſ. w. auch Dümmler Geſt. Bereng. 182—83). — Ein zweites ähnliches Beiſpiel weiſen uns die Urkunden von K. Otto I von 951 Sept. — 952 Feb. auf, als er zum erſtenmale als König der Lombarden urkundet, vgl. St. 196. 199. 207.

[57]) Vgl. Stumpf Reichskanzl. 1, 74. 125. Sickel Acta Kar. 1, 223.

[58]) Während der Inhalt der Urkunden unzähligemal wörtlich, ja gedankenlos ältern Ueberlieferungen nachgebildet iſt, tragen die Beſtandtheile des Protokolls: Invocation, Titel wie Unterfertigung der Ausſteller, Unterſchrift der Kanzler und Datierung ſtets das Gepräge ihrer jeweiligen Entſtehungzeit, wie ſie denn im Original meiſtens ſchon äuſzerlich theilweiſe durch die Verſchiedenheit der verlängerten Schrift, aber auch in Tinte von der übrigen Urkunde kenntlich gemacht ſind. (Vgl. St. 23. 131. 192. 279. 514. 524. 617. 691. 712. 775. 857. 906. 922. 927. 969. 975. 1000. 1094. 1097. 1315. 1468. 1471. 1472. 1475. 1478. 1725. 1776 u. ſ. w.) Freilich ſchlieſzt dieſz keineswegs aus, daſz auch ältere Formeln, beſonders von Invocation und Titel öfter benützt erſcheinen. — Ebenſo läſzt ſich nachweiſen, daſz Theile des Pro-

der Herrfcherwürde drückt faft allen Theilen deffelben feinen Stempel auf; fo gleich zur Zeit des erften Aufenthalts Otto's I in tokolls häufig als Formular, gleich unfern jetzigen Diplom-Auffchriften, in vorhinein ausgefertigt wurden, wie z. B. in St. 879, wo trotz der Rafur und des darüber gefchriebenen: *pius rex* das urfprüngliche: *imperator auguftus* in der verlängerten Schrift der erften Zeile heute noch fichtbar ift und deutlich bekundet, dafz hier ein übrig gebliebenes Formular Kaifer Otto's II nachträglich für König Otto III verwendet wurde. — Aber nicht minder fichtbar ift auch das Gegentheil bezeugt, z. B. durch St. 2138 (zweites Exemplar jetzt in München), worin die Zeilen der verlängerten Schrift des Protokolls fehlen, indefz die übrige Textfchrift erhalten ift; was uns klar beweist, dafz erftere mitunter nachträglich durch befondere und wol auch geübtere Schreiber ausgefüllt, freilich manchmal, wie auch hier, vergefzen worden find. — Diefen Schreibern lag wahrfcheinlich zunächft die Revifion des Urkundentextes ob, denn oft können wir in den Correcturen deffelben genau die gleichen Schriftzüge und die gleiche Tinte wiedererkennen, womit die Protokollstheile gefchrieben erfcheinen, fo z. B. in ganz auffallender Weife in dem Wirzburger Diplom von 1025 Mai 20 (St. 1888). Der Text diefes unbezweifelt echten Documentes ift wörtlich, aber gedankenlos, weil wahrfcheinlich mit Namenswiederholung des bereits 1018 Nov. verftorbenen Bifchofs Heinrich I von Wirzburg aus der Urkunde von 1012 Sept. 10 (St. 1563) copiert worden. Jetzt freilich fehen wir nur mehr den richtigen Bifchofsnamen Meginhard, aber auf Rafur und mit unerkennbar gleicher Schrift und Tinte der recognoscierenden Kanzlei verbefzert. Damit ift es uns nahegelegt, in diefen Reviforen, die zugleich mit der Führung des Protokolls fcheinen betraut gewefen zu fein, diejenigen Männer zu würdigen, welche in dem Urkundenwefen befonders bewandert und den Leitern der Kanzlei befonders nahe geftanden haben muften, wenn es nicht vielmehr die Kanzler felbft waren, von denen jedenfalls die mafzgebenden Anordnungen ausgegangen fein mufzten. Auf alle Fälle hin fteht foviel feft, dafz den Protokollstheilen ganz vorzügliche Aufmerkfamkeit von befonders unterrichteten und kundigen Leuten der Kanzlei gewidmet wurde; während die Textfchrift meift von jüngern minder erfahrenen Schreibern beforgt werden mochte, die das Concept oder die ältere Vorlage einfach zu copieren hatten, aber diefer Aufgabe nur zu oft fich herzlich fchlecht entledigt haben, man vergleiche z. B. St. 1320. 1863. 2140. 2201 u. f. w. und Sickel Act. Kar. 1, 130 (Anm. 3) wie Ficker Die Ueberrefte des deutfchen Reichsarchivs zu Pifa (in den Sitzungber. der Wiener Akad. der Wifzenfchaft. Hift. Claff. 14, 162. 163. 165 in den Anm.) — Berückfichtigen wir alles hier Angeführte, fo wird nicht zu bezweifeln fein, dafz das Protokoll die wichtigften Kriterien zur Beurtheilung der Urkunden enthält, und dafz die Diplomatik alle Urfache hat grofzen Werth auf daffelbe zu legen. Wie viel verdanken wir nicht in diefer Beziehung allein fchon der genauer feftgeftellten Reihenfolge der Kanzler? — Verftöfze und Fehler gegen das jeweilig geltende Gefetz des mannigfach wechfelnden Protokolls werden am ficherften einen Fälfcher verrathen, der gerade die fubtilen Unterfcheidungen jener Gefetze am eheften verletzt, weil fie ihm meift unbekannt geblieben find.

Italien im Jahre 951, [59] defzgleichen bei den jeweiligen Kaiferkrönungen in Rom, insbefondre unter Otto III in deffen Titulatur [60] wie auch in deffen Befieglung. [61] Die gleichzeitige Doppelregierung Otto's I und Otto's II ift auch in den beiderfeitigen Protokollen fichtbar geworden. [62] Scheint doch unter

[59] fowol im Titel: *rex Francorum et Langobardorum (Italicorum, Hitalicorum)* als in dem Datum *anno regni in Italia ... in Francia* vgl. St. 198. 199. 200. 202. 203. 205. 206. 207. — Die Titel aber in St. 323 und 522 find offenbar aus Urkunden Karls des Grofzen von 777 (Sickel Act. Karl. K. 61) entlehnt.

[60] feit 996 erfcheint auch in der Urkunde der deutfchen Kanzlei der Titel: *Romanorum imperator auguftus* vgl. St. 1096. 1098. 1100. 1109. 1112—17. 1119. 1120. 1122. 1126. 1128. 1129. 1139. 1150. 1151. 1162. 1170. — Was vorher diefen Titel in Diplomen der deutfchen Reichskanzlei zeigt, beweist die Unechtheit der (angeblichen) Originale vgl. St. * 154. * 359 (Or. in Brüffel) * 693. * 943. * 946 und oben Anm. 10, — verdächtigt aber auch öfter die Copien vgl. St. * 4. * 146. * 458. * 640. * 902 oder erweist letztere mindeftens als ungenau (vgl. oben Anm. 2.) In den Documenten der italienifchen Kanzlei war diefer Titel, wie wir fehen werden (Anm. 64) bereits unter Otto II 982 eingeführt worden und verblieb fortan in Uebung. — Bemerkenswerth ift, dafz fogar die Stellung der Kanzleiunterfertigung feit Otto's I Kaiferkrönung eine veränderte ift. Sie fteht feitdem nicht mehr rechts neben oder beifeits der kaiferlichen Unterfchrift, fondern unmittelbar unter derfelben, vgl. St. 301. 373. 375. 381. 388. 398—99. 402. 408. 409. 411. 444. 449. 474. 482. 486. 508. 514. 518. 519. 528—30. 563—65. 570. 593. 594. 612. 641. 644. 702 u. f. w. Früher kommt diefe Sitte nur ausnahmweife in Originalen wie St. 83. 270, allerdings aber auch in unechten Urkunden vor, wie St. * 247. * 294. Dagegen finden wir fpäter die ältere Art der Unterfertigung nur noch in den Königs diplomen Otto's II (St. 552. 556. 560) und vereinzelt unter den Kanzlern Folcmar, Egbert und Gerbert in St. 650. 681. 682. 684. 687. 691. 692. 710. 715, öfter auch in den gefälfchten Documenten wie * St. 603. * 693 * 718. * 753 — oder in Copien wie St. 633. 887.

[61] das aufgedrückte kaiferliche Wachsfiegel Otto's III (von 996 Mai 22 — 998 Apr. 22) zeigt den Kaifer, abweichend von allen frühern Abbildungen, in ganzer und ftehender Figur und trägt die Legende: *Otto dei gratia Romanorum imperator auguftus*, fo in St. 1067. 1078. 1086. 1095. 1109. 1114. 1115. 1117. 1120. 1122. Dagegen halte ich die hiervon abweichenden Siegel mit Bruftbild oder gar in fitzender Stellung in St. 1110. 1112 und 1132 für nicht genuin.

[62] und zwar im Titel, Signum und in der Datumszeile vgl. St. 477. 480. 482. 492. 493. 526. 552. 553. 556. 567. 568. 571. 572. 573 und noch nachklingend in St. 579. 580. 612 und oben Anm. 54, wie auch in den gefälfchten St. * 481. * 638. * 639. * 643. * 647 u. f. w.

Otto I 966 Jan. felbft die Vermälung feiner Stieftochter Emma mit dem weftfränkifchen Könige Lothar, wenn auch nur vorübergehend, eine Veränderung des Titels veranlafzt zu haben, [63] ganz ebenfo wie die Ueberfchreitung der Reichsgränze unter Otto II, aber andauernd, in den italienifchen Diplomen deffelben vom Jahre 982 an. [64] Und unter Otto III knüpft fich fogar faft an jeden feiner Römerzüge irgend eine Umgeftaltung in den Formalien feiner Urkunden und erleichtert deren Beurtheilung. Aber keiner diefer Fälle läfzt fich auf einen Wechfel der Kanzler zurückführen, fie alle find vielmehr die Folgen von unmittelbaren Einwirkungen der bezeichneten Ereigniffe felbft. — Hingegen find wieder nicht wenige Aenderungen in dem Formelwefen nur durch perfönliche Einflufznahme, wie z. B. Gerberts auf K. Otto III und fomit indirect auch auf deffen Urkunden zu erklären. Am häufigften tritt diefe Einwirkung aber direct durch die Kanzler felbft ein und zwar meiftens gleich beim jeweiligen Wechfel derfelben. Defzhalb begreift fich auch, wiefo die Errichtung doppelter Kanzleien die durchgreifendfte und nachhaltigfte Wirkung auf das gefammte kaiferliche Urkundenwefen ausüben mufzte. Denn jeder ihrer Vorftände fammt dem entfprechenden Perfonale ging feinen eigenen Weg, was wir z. B.

---

[63] nämlich den bezeichnenden Titel: *imperator auguftus Romanorum et Francorum* vgl. Wauters in der Revue d'hift. et d'archeol. (Belg.) 3, 370 und St. 396. 401. 402. 403. 406. 545 (gehört defzhalb ficher zu 966 Feb.), eine dem Frankenkönige gegenüber allerdings fehr bedeutfame Benennung. Ueber die Vermälung vgl. Flodoard ad ann. 966 (in Mon. Germ. SS. 3, 407. Cont. Reginonis fetzt fie nach 965 (Mon. Germ. SS. 1, 628). — Dagegen ift der: rex *Lotharienfium et Francigenum* nur in gefälfchten Documenten St. *139. *167 heimifch, und der Titel: *rex Illotharingenfium, Francorum atque Germanenfium* St. 272 jedenfalls corrumpiert.

[64] es ift gewifs kein Zufall, dafz der Beiname *Romanorun imperator* zuerft im Titel und Signum von Urkunden erfcheint, welche auf byzantinifchem Grund und Boden ausgeftellt wurden vgl. St. 818. 819. 822. 823. 829. 831. 832. 848. 852. 869 (gehört defzhalb 982). Wer denkt dabei nicht unwillkürlich an die Stelle bei Luidprand Relatio de legat. Conftantinopel. cap. 3 (Mon. Germ. SS. 3, 347) *Ipfe* (Nicephorus) *vos* (Ottonem I) *non imperatorem .... fed ob indignationem .... regem .... vocabat;* deffen man fich wol noch zur Zeit feines Sohnes, K. Otto's II wird erinnert haben — Früheres Vorkommen in italienifchen Kaiferurkunden beweist Fälfchung vgl. St. *343. *647 u. f. w.

felbst bei zeitweiliger Uebernahme der einen Kanzlei durch den Leiter der andern sogleich verspüren können. So läfzt sich die Erwähnung von Geldstrafen in den deutschen Diplomen K. Otto's I (bei St. 200. 209. 301. 444. [563]), denen sie sonst völlig fremd ist, [65]) nur auf Berührung, richtiger auf directen Einflufz des italienischen Urkundenwesens setzen, gerade so wie die Datumsformel in dem echten Documente St. 427. Denn letztere ist das Werk des italienischen Kanzlers Ambrosius (von 966—70), der sie gleich bei seinem Eintritt in die Kanzlei, jedoch ausschliefzlich nur in die von ihm ausgestellten Urkunden, einführen konnte, [66]) da nicht einmal dessen italienischer Nachfolger Peter, geschweige die deutsche Kanzlei jener Zeit Gebrauch davon gemacht hat. Dagegen stammt ein anderes, neues Datumsprotokoll von dem deutschen Kanzler Bischof Hildebald (von 979) her [67]) und wurde auch später von dem italienischen

[65]) und nur in unechten Documenten vorkommt, wie St. * 370 — Dafz diese Sitte aus den italienischen Kaiserurkunden der Karolinger herstamme, darüber vgl. Stumpf Reichskanzl. I, 116. Ficker Ital. Forsch. I, 62. In der deutschen Reichskanzlei fand sie erst unter K. Otto II seit 972 Eingang, und kommt im X Jahrhundert noch selten vor, vgl. St. 568. 577 (reg. pannum), 587. 660. Acta imp. adhuc ined. N. 227. St. 757 (bannum reg.). 979. 1024. 1033. 1048. 1120 (banni affirmatione), 1181. 1182 (bannum dupliciter). 1095 (gehört zu 1000) und in der gefälschten St. * 705. — Früher und häufiger erscheinen Androhungen von geistlichen Strafen, wie der königlichen Ungnade, so in St. 70. 77. 99. 241. 385. 400. 568. 746. 806. 853. 914. 952. 953. 977. 989. 1022. 1212. 1248. Böhmer-Ficker Acta sel. N. 33., aber auch in unechten St. * 154. * 211. * 358. * 483. * 536. * 716. * 844. * 933.

[66]) die Formel: *anno imperii domni Ottonis* .... *Caesaris* ... * vgl. St. 414. 418. 419 (echt). 424. 431. 433. 434. 437. 445. 448. 453. 454. 463. 465. 467. 484. 490 und in der gefälschten St. * 566. — Sonst finde ich diese Formel nur noch einmal in der jedenfalls unkanzleimäfzigen Datumszeile von St. 1104. Es entspricht der Verknüpfung der Protokollstheile untereinander, dafz wir unter Ambrosius, wenn auch nur vereinzelt, im Signum dem Titel *Caesar* begegnen, vgl. St. 414. 438. Eine Erneuerung desselben fand erst wieder unter Kaiser Otto III durch den italienischen Kanzler, wahrscheinlich auf Anregung Gerberts statt.

[67]) mit *anno regni Ottonis secundi* .... vgl. St. 741 (gehört zu Jan 10). 734. 735. 736. 740. 741. 742. 743. 750. 752. 754. 756. 758. 760. 761. 763. 764. 766. 769. 770. 771. 772. 779. 782. 792. 796. u. s. w. — Das frühere Vorkommen im Or. St. 710 zeigt spätere Correctur; und St. 635 ist kaum Or., St. * 686 ist unecht.

Kanzler Johann 981 übernommen [68]) und mit weitern Neuerungen betreffs des Signums verbunden. [69]) Dafz ferner gleich das erfte Auftreten des Kanzlers Egbert 976 fich durch die Einführung des kaiferlichen Titelmonogramms, das bisher beiden Kanzleien unbekannt geblieben war, kennzeichnet, haben wir bereits Gelegenheit gehabt befonders zu bemerken. [70]) Und vollends die Datierungart in den Urkunden, die fo vollkommen von der Einwirkung der jeweiligen Kanzleiverhältniffe abhing, dafz die richtige Beurtheilung und Berechnung der Daten ftets nur mit Rückficht auf jene Beeinflufzung vorgenommen werden darf. Scheinbare Fehler zeigen fich fodann als chronologifche Regel und Widerfprüche unter gleichzeitigen Daten ftellen fich als völlig gefetzmäfziges Verfahren heraus. So z. B. wenn die Königsjahre in den Urkunden des Kanzlers Liudolf und defzgleichen die Incarnationjahre unter Willigis und Gerbert angeblich um ein Jahr zu hoch beziffert, oder die königlichen Regierungjahre während Egberts Kanzleiführung um ein Jahr zu niedrig angefetzt erfcheinen; — ebenfo wenn gar die Angaben der Indiction einen fo mannigfaltigen Wechfel verrathen, dafz fie beinahe ein ununterbrochenes Chaos bekunden [71]) u. f. w.; womit freilich nicht be-

---

[68]) vgl. St. 785. 788. 789. 810. 818. 819 u. f. w. — Unecht dagegen in frühern Diplomen, wie St. * 647.
[69]) indem er die Zahl auch in das *Signum ... Ottonis fecundi .....* aufnahm, vgl. St. 785. 786. 787. 789. 793. 795. 801—3. 818. 826. 828. 831. 832. 846. 851. 868. Acta imp. adhuc ined. N. 236 u. f. w. Was vorher in italienifchen Kaiferurkunden mit *Signum Ottonis primi* oder *fecundi* erfcheint ift falfch. St. * 306. * 647.
[70]) vgl. oben Anm. 26.
[71]) Als ich vor ungefähr anderthalb Decennien zuerft diefe Verhältniffe zur Sprache gebracht habe, war ich nicht darauf gefafzt, einem Widerfpruche in allgemeinfter Fafzung und noch dazu von fo gewichtiger Seite her zu begegnen, der mich nöthigen würde, vorerft wenigftens Einiges zu meiner Rechtfertigung zu bemerken. Wenn aber Sickel Acta Kar. 1, 230 im allgemeinen fagt: „die Annahme, dafz die drei Arten der Indiction von ein und derfelben Kanzlei und in ein und derfelben Periode nebeneinander und je nach dem Belieben der einzelnen Datatoren angewandt feien, oder auch dafz innerhalb eines verhältnifzmäfzig kurzen Zeitraumes die unter einem Regenten aufeinanderfolgenden Kanzler fich der einen, dann der zweiten und endlich auch der dritten Indictionepoche bedient haben follen, widerftreite **allen Ergebniffen** hiftorifch-chronologifcher Forfchung und beruhe nur entweder auf ungenügender

hauptet werden foll, dafz nicht auch wirkliche und arge Fehler und Verfehen vorkämen, wie wir uns felbft oben bei Befprechung der Daten in den Diplomen Otto's II überzeugen konnten. [72]) Soviel dürfte jedoch aus dem Mitgetheilten mit Sicherheit zu entnehmen fein, dafz von Willkür oder Zufälligkeit im grofzen Ganzen bei der Führung befonders des Protokollwefens in den Kaiferurkunden des X Jahrhunderts nicht mehr die Rede fein könne. Wo derlei heute zu Tage tritt, wird es in überwiegender

Erkenntnifs der Datierunggefetze oder auf künftlicher und nichtftichhaltiger Beweisführung', — fo möchte ich dagegen, um nicht zu weitläufig zu werden, heute nur auf ein Beifpiel aufmerkfam machen, das ich um fo lieber den Kanzleien K. Heinrichs III entlehne, weil die Diplome derfelben, wie im allgemeinen, fo fpeciell auch in der Datierungweife den Höhepunct in der Entwicklung unferer ältern Kaiferdiplomatik vertreten und fomit auch für uns gewifzermafzen bekunden, was bisdahin gleichfam angeftrebt und erreicht worden war. An ein und demfelben Hofe und in dem verhältnifsmäfzig kurzen Zeitraume von fiebzehn Jahren läfzt fich nämlich mit aller Beftimmtheit durch mehr denn fechzig Diplome, wovon vierzig Originale (gegenüber von nur acht widerfprechenden Urkunden, darunter vier Originale) nachweifen, dafz die aufeinanderfolgenden Kanzler und zwar wiederholt bald die Neujahrs-, bald die Beda'fche, aber auch die griechifche Indiction in Anwendung gebracht haben. So der Kanzler Theoderich 1039 die Neujahrsindiction: St. 2140. 2141. 2142. 2144. 2145. 2147. 2148; dagegen Eberhard 1040—42 die Beda'fche Indiction: St. 2200. 2201. Acta adhuc ined. N. 296. St. 2222. 2233; Adelger darauf 1042—43 wieder die Neujahrsindiction: St. 2234. 2245. 2247. 2250. 2253. 2254. 2255 (widerfprechend nur die corrumpierten Daten in St. 2249); und Humfred 1045 die griechifche Indiction: St. 2282. 2283; Theoderich hingegen 1044—46 die Beda'fche Indiction: St. 2267. 2285. 2287. 2305. 2306. 2307. 2308. 2309. 2310. 2311. 2312. 2313 (widerfprechend St. 2284, deren Daten überfchrieben und von St. 2286, die nur in Copie vorhanden find); und Heinrich 1046 wenigftens nicht die 'Neujahrsindiction: St. 2316; dagegen aber Winither 1048—56 wieder die Neujahrsindiction: St. 2354. 2355. 2357. 2358. 2359. 2377. 2393. 2394. 2414. 2415. 2443. 2486. 2487. 2488. 2506. 2507. 2508. 2509 (widerfprechend nur St. 2380 [corrumpiert] 2416. 2417. 2444. 2445.); und ebenfo Godebold 1048 in St. 2360 und Gunther 1054—55 in St. 2461. 2462. 2479. 2480. 2481. 2483. 2484. 2485 (vgl. auch Stumpf Reichsk. 2, Einleitung Seite 12). Diefe Thatfachen, bei auch fonft durchaus correcten Daten, fprechen laut genug und bedürfen keines weiteren Commentars, wie fie zugleich das beredtefte Zeugnifs über die unmittelbare Einwirkung der Kanzler jener Epoche auch auf die Datierung der Urkunden abgeben. Ich hoffe übrigens Gelegenheit zu finden bald ausführlicher über die betreffenden chronologifchen Gefetze mich ausfprechen zu können.

[72]) vgl. oben Anm. 41 bis 49 und Stumpf Reichsk. 2, Seite 12 (Anm. 9.)

Menge auf die Fahrläſzigkeit fpäterer Copiften in den Chartularien wie auch in unfern Abdrücken zu fetzen fein. [73]) Im Gegentheil, faft allenthalben waltet ein ftrenges Gefetz vor, das freilich erft erkannt fein will, um es würdigen und bei der diplomatifchen Kritik mit Erfolg anwenden zu können.

Und das felbftverftändlich. Haben wir uns erft über die Einrichtung unfrer Kanzleien, denen die Ausfertigung der Diplome oblag, Rechenfchaft gegeben, dann werden wir uns nicht mehr verwundern, dafz allenthalben ihre Bethätigung wie ihre Leiftungen von Ordnung und Regelmäfzigkeit Zeugnifs ablegen. Sehen wir doch an der Spitze derfelben auch in der Epoche der Ottonen Männer ftehen, die wie Brun von Köln oder Willigis von Mainz geradezu zu den bedeutendften ihres Jahrhundert's zählen; aber auch die übrigen Kanzler werden faft ausnahmlos fpäter Erzbifchöfe oder Bifchöfe und find zum Theil fogar noch als folche, wie Hildebald von Worms, Heribert von Köln, Johann von Piacenza in der kaiferlichen Kanzlei thätig. Gewifs ein Beweis, dafz es durchweg Männer von Geltung fein mufzten, denen die Führung der Kanzlei anvertraut wurde. — Im Falle der Erledigung find diefe Stellen der Kanzler auch möglichft rafch wiederbefetzt worden, aber die Art diefer Wiederbefetzung ift für das geordnete Herkommen im X Jahrhundert gleichwol höchft bezeichnend. War nämlich nicht gleich die geeignete Perfönlichkeit zur Hand, fo übernahm der jeweilige Kanzler der unerledigten Kanzlei zunächft proviforifch auch die Leitung der erledigten, unterfertigte aber in diefem Falle nicht im Namen des Erzkanzlers der Letzteren, fondern im Namen des Seinigen. So z. B. der italienifche Kanzler Ambrofius 967 Juni 24—968 Feb. 15, oder die deutfchen Kanzler Folcmar 975 Nov. 24, wie Bifchof Hildebald 992 Juli 19 und wieder der italienifche Kanzler Heribert

---

[73]) vgl. oben Anm. 2. Ich möchte nicht gern alte Klagen wiederholen, — aber dringend wünfchte ich, dafz z. B. befonders auch bei Wiedergabe der Zahlen aus Originalen die gröfzte Sorgfalt beobachtet würde. In Wörtern ausgedrückte Zahlen follten ftets beibehalten und die additionelle Form der Grundzahlen IIII und VIIII nicht verändert werden. Der fubtractionellen Form derfelben begegnen wir erft am Ende des XII Jahrhunderts vgl. St. 4303 mit *a nno regni* XXIX und St. 4527 mit *anno MCLXXXIX*.

998 Nov. 30. [74]) — Ganz das entgegengefetzte fand jedoch bei Erledigung des Erzkanzleramtes ſtatt; ſo haben z. B. die deutſchen Kanzler Poppo 968 Juni 29 und Liudiger 970 Jan. 25 demnach ganz correct im Namen des italieniſchen Erzkanzlers, Biſchofs Hubert von Parma recognosciert. [75]) — Oefters traf es ſich auch, daſz aus dem Proviſorium ein Definitivum wurde und demgemäſz beide Kanzleien von ein und demſelben Kanzler entweder andauernd oder doch längere Zeit hindurch verwaltet worden ſind. Dann unterfertigte aber dieſer Doppelkanzler die Urkunden nichtmehr wie zur Zeit des Proviſoriums, ſondern im Namen des jeweiligen Erzkanzlers der betreffenden deutſchen oder italieniſchen Kanzlei. So z. B. die urſprünglich deutſchen Kanzler Liudolf ſeit 965 Jan. 3, [76]) ebenſo Egbert von 976 Juni 30 wie Gerbert 977 Oct. 5 oder der urſprünglich italieniſche Kanzler

---

[74]) vgl. St. 427. 444. 561. 563; — 668; — 971; — 1170 (letzteres für uns beſonders bemerkenswerth). Hierher gehörte auch St. 619, falls dieſe Urkunde bloſz corrumpiert überliefert und nicht unecht iſt; die Recognition müſzte aber dann heiſzen: *Willigiſus canc. ad vic. Rotberti archiep. atque. archicap.* — Im XI Jahrhundert recognoscierte im Falle der Erledigung des Kanzleramtes nunmehr der betreffende Erzkanzler, ſo der deutſche in St. 1819, der italieniſche in St. 2366 und der burgundiſche in St. 2371. 2378 u. ſ. w. Doch trifft es hier wenigſtens zu Anfang des Jahrhunderts noch zu, daſz bei momentaner Abweſenheit oder im anderweitigen Verhinderungfalle des Kanzlers, dann der fremde Kanzler und zwar gleichfalls nur im Namen ſeines Erzkanzlers unterfertigte; ſo allein laſzen ſich z. B. die Recognitionen in St. 1598. 1626 und ſelbſt 1673 genügend erklären.

[75]) vgl. St. 446; — 482 (wo nach dem Berliner Or. die Unterfertigung lautet: *Liudigerus ad vic. Huperti archicap.*) Desgleichen wird ſie in St. 480. richtiger heiſzen müſzen: ... *ad vic. Huperti archicap.*; wogegen aber St. * 481 (mit: .. *ad vic. Ruodperti archicap.*) und ebenſo St. * 459 (mit ... *ad vic. Huperti archicap.* [ſic]) mindeſtens keine Originale ſein können. Entſchieden falſch wäre: *ad vicem vac[at]ionis archicap.* in St. * 457. — Die Recognitionen im Namen der Erzkanzler ſind überhaupt betreffs des Bekanntwerdens der jeweiligen Wahl wie auch des Ablebens derſelben bei Hofe wol zu beachten. — Im XI Jahrhundert recognoscierten die Kanzler bei Vacanz des Erzkanzleramtes nur mehr für ſich allein, vgl. St. 1556—57. 2020—22 u. ſ. w.

[76]) vgl. St. 346. Daſz unter Liudolf um dieſe Zeit italieniſche Schreiber auch ſeine deutſchen Urkunden in Deutſchland geſchrieben haben, wie uns z. B. in dem Or. (St. 377): *hac per hoc inmenſam domini miſericordiam* ... ſtatt: *ac per hoc* u. ſ. w. verräth, wird uns nicht auffallen dürfen, wenn wir wiſzen, daſz Liudolf damals beiden Kanzleien vorſtand und alſo jedenfalls auch in Deutſchland italieniſche Schreiber bei ſich haben muſzte.

Hiribert von 999 Jan. 3 an. [77]) Manchmal vertaufchten fogar die Kanzler ihre Kanzleien; fo übernahm z. B. Liutger, urfprünglich (von 962 Mrz. 13—964 Aug. 7) italienifcher Kanzler, um 968 Oct. 1 die deutfche Kanzleiführung und defzgleichen verliefz Gerbert 977 Oct. die deutfche Kanzlei um fich ganz den italienifchen Kanzlei-Angelegenheiten zu widmen -- bis 979 Nov. 5. [78]) — Von einem willkürlichen Verfahren oder gar von einem Durcheinander in dem Recognoscieren deutfcher und italienifcher Kanzler während ihrer gleichzeitigen Amtsführung, dafz z. B. der italienifche Kanzler zur Zeit eines fungierenden deutfchen Kanzlers jemals deutfche Urkunden und noch dazu im Namen des deutfchen Erzkanzlers unterfertiget hätte oder umgekehrt, habe wenigftens ich nirgends auch nur eine Spur angetroffen. [79]) Wol aber konnte wiederholt ein förmliches Bewachen der eigenthümlichen Formalien mancher Kanzler und theilweife fogar ein gegenfeitiges Abfchliefzen von einander beobachtet werden, wie auch dafz die italienifche Kanzlei geneigter fchien einen häufigeren Wechfel in den Formen des Protokolls vorzunehmen und gerne in der Durchführung diefer Veränderungen der deutfchen vorangegangen ift.

Endlich mufz noch befonders hervorgehoben werden, dafz mit der Errichtung der doppelten Kanzlei fich im Laufe des X Jahrhunderts auch eine beftimmte Satzung herausgebildet hat betreffs der Unterfcheidung, welche Diplome der deutfchen und welche der italienifchen Kanzlei zugehören follten. Im grofzen Ganzen konnte diefz freilich nicht zweifelhaft erfcheinen, da in der Regel die Nationalität der Empfänger hierfür mafzgebend fein durfte. Allein es konnten und es haben fich doch Fälle ergeben, wo diefz minder klar zu Tage trat und dann galt das Gefetz, welches insbefondre feit Otto III wiederholt, auch durch das ganze XI Jahrhundert hindurch, in Anwendung kam, wonach einzig und allein der jeweilige Gegenftand der Schenkung, Verleihung, Beftätigung u. f. w., d. h. der Inhalt der Urkunden den

---
[77]) vgl. St. 676 (Acta imp. adhuc ined. Nr. 226); — 717; — 1171 und die ff.
[78]) fic, vgl. Stumpf Acta imp. adhuc ined. Nr. 228.
[79]) Wenn z. B. 962 Mrz. — Juli (St. 305. 309 und Acta imp. adhuc ined. Nr. 213) einige Verftöfze dawider noch vorkommen, fo ift diefz offenbar auf die Neuheit des eben errichteten Inftituts der doppelten Kanzleien zu fetzen.

Ausfchlag zu geben hatte, ob diefelben der deutfchen oder der italienifchen Kanzlei zugewiefen werden follten. [80]) Ein Verfahren, welches alfo ganz und gar aus den richtigen Grundfätzen hervorgegangen und geleitet war, fo lange die Trennung der Kanzlei noch als eine wirkliche und nicht blofz als eine formelle (wie fpäter im XII Jahrhundert) beftanden hat und als folche angefehen wurde. Wo aber derartige Einrichtungen mit feften Satzungen ausgeftattet und unter die Auffficht von Männern geftellt erfcheinen, welchen Einficht und Gewiffenhaftigkeit in Ausübung ihres Berufes nicht abgefprochen werden kann, da wird es freilich auch uns nicht fchwer fallen mittelft jenes zuverläfzigen Mafzftabes, welchen fie felbft in ihren Werken uns zurückgelafzen haben, an die Beurtheilung von Erzeugniffen, voll von Verftöfzen und Ueberfchreitungen gegen die jeweilig geltenden Normen, heranzutreten, um diefelben in ihrer wahren Geftalt, als was fie find, blofzzuftellen, nämlich als Gebilde von fremder Hand gefertigt.

Kehren wir nach diefer kurzen Rundfchau über das Urkundenwefen der Ottonen zu unferm Diplome K. Otto's III von 996 Sept. 15 zurück, fo müfzen wir es als einen befondern Vortheil preifen, dafz gerade die Urkunden Otto's III aus feiner Kaiferzeit fich reicher an Veränderungen im Protokoll und in den äufzern Merkmalen erweifen, als irgend welche Diplome aus der vorhergehenden Epoche der Ottonen. Denn beinahe jedes feiner Kaiferjahre, richtiger vielleicht jeder feiner Römerzüge zeichnet fich durch neue Erfcheinungen auf unferm Gebiete aus. So gleich das Jahr 996, wie wir bereits oben betreffs Titels wie auch Siegels gefehen haben [81]) und ebenfo brachte das Jahr 998 eine

---

[80]) vgl. St. 1019. 1047. 1142. Acta imp. adhuc ined. Nr. 251. St. 1261; — 2007. 2101. 2112. 2156. 2502. 2630. 2700. 2803. 2919 u. f. w. Kommt zuweilen eine einzelne Unregelmäfzigkeit vor, wie z. B. im Jahre 1001 unter Heribert (St. 1251. 1272—73), fo läfzt fich diefelbe hier einfach durch Verwechslung der Formulare eines Kanzlers, der gleichzeitig beiden Kanzleien vorftand, erklären. — Vgl. auch Stumpf Reichskanzl. 2, Einleitung Seite 15 (Anm. 13.)

[81]) vgl. oben Anm. 60 und 61, — was den Titel angeht, felbftverftändlich nur bezüglich der deutfchen Urkunden; denn die italienifchen Diplome führten denfelben bereits unter dem Kanzler Johann zur Zeit Otto's II, vgl. Anm. 64.

abermalige Aenderung im Titel [82]) und eine durchgreifend neue Art des Besiegelns mittelst angehängter Bullen [83]) zum Vorscheine. Im Jahre 999 fanden sodann die wichtigen Veränderungen zunächst durch die dauernde Vereinigung beider Kanzleien in der

[82]) indem zunächst die italienischen Documente die Zahl auch in den Titel aufnehmen und zwar als: *Tertius Otto* in St. 1134. 1138. 1142. 1145. Acta imperii adhuc ined. Nr. 251. St. 1159. Forsch. zur deutschen Gesch. 13, 604. St. 1164. 1168. 1169 (ob wirklich auch St. 1139?); — nach der Vereinigung beider Kanzleien unter Heribert aber sowol in italienischen - als deutschen Urkunden zumeist als: *Otto tertius* in St. 1210. 1211. 1212. Böhmer-Ficker Acta sel. Nr. 33. St. 1214. 1215. 1221. 1222. 1227. (1237. 1240. 1241) 1247. 1248. 1251. (1252) 1264. 1267. 1268. 1271. 1274. 1275. 1303. — Ebenso findet seit der Uebernahme auch der deutschen Kanzlei durch Heribert in der kaiserlichen Unterfertigungsformel der deutschen Diplome (gleichfalls nach dem frühern Vorgange in den italienischen vgl. oben Anm. 64 und 69) die Aufnahme der Zahl *tertius* wie des Beinamens *Romanorum* statt, so St. 1220. 1227. 1280 u. s. w.; die Beglaubigung hierfür in den Copialurkunden St. 1124 und 1126 ist aber unsicher. — Dafs das frühere Vorkommen der Zahl im Titel des Regenten italienische wie deutsche Urkunden gleichmäfsig und unbedingt verdächtigt, versteht sich von selbst, vgl. St. *311. *312. *321. *343. *347. *904 u. s. w.

[83]) Die gröfsere Bulle mit der Avers-Legende: *Otto imperator augustus* — und der bezeichnenden Revers-Legende: *Renovatio imperii Romanorum* (abgebildet Leibnitz Ann. imp. 3, 699); die kleinere Bulle mit: *Oddo imperator Romanor* und *Aurea Roma* (abgebildet Erhard Cod. Westf. dipl. 1, Taf. 3. (Nr. 1) vgl. St. 1142. 1150. 1151. 1164. 1165. 1169. 1170. 1171. 1176. 1178. 1180. 1184. 1186. 1187. 1193. 1194. 1197. 1200. 1209. 1211. 1214. 1215. 1216. 1221. 1224. 1226. 1227. 1228. 1229 (echt). 1248. 1249 (kleine). 1251. 1255 (kl.). 1258 (kl.). 1261. 1267. 1271. 1272. 1273. 1276. 1279. 1280 (kl.). 1304 (kl.) u. s. w. — Die aufgedrückten Siegel in St. 1222 und 1250 sind gewifs nicht genuin. — Dafs auch bei diesen mit Bleibullen versehenen Diplomen in der Corroboration es meistens *sigilli impressione* heifst, darf uns nicht stören, denn die *impressio* bezog sich nicht auf die Einprägung in das Pergament, sondern in den Siegelstoff, darum heifst es richtig in St. 1171: *sigilli nostri plumbea impressione* (ebenso in der Urk. Bischofs Bruno von Wirzburg 1136 in Mon. Poic. 37, 24) — Goldbullen werden nur in italienischen Diplomen K. Otto's III erwähnt, so St. 1190. 1202 (und Acta imp. adhuc ined. Nr. 251 Schlufs-Anm.?) — Auch was vorher in Urkunden K. Otto's I und Otto's II mit Bleibullen versehen ist, gehört fast ausnahmlos Italien an, so St. 307. 315. 419 (echt). 506. 510. 826; ich kenne ein einziges deutsches Diplom St. 195 und das ist in Italien ausgestellt, dessen *bulla nostra sigillari* übrigens immerhin noch Zweifel gegen eine wirkliche Bleibesiegelung gestattet, vgl. Sickel Acta Kar. 1, 199. Stumpf Reichskanzl. 1, 95 (Anm. 155) und 166.

Hand Heriberts, [84]) dann in dem Ehrentitel der kaiferlichen Unterfertigungformel [85]) ftatt, und defzgleichen find endlich in den Jahren 1000 wie 1001 wieder je verfchiedene Zufätze [86]) zu dem Titel des Herrfchers bemerkbar. Freilich find mit Ausnahme der Befiegelungarten und der Kanzleivereinigung all' diefe Neuerungen nicht ausfchliefzlich, fondern untermifcht mit ältern Formeln im Gebrauche, aber umfo wichtiger ift es für uns, jene betreffs ihres erften Erfcheinens zu markieren. Auch gehören mehrere derfelben beiden Kanzleien faft gleichzeitig an, einzelne freilich, bezeichnend genug, erfcheinen zuerft in italienifchen Urkunden.

Wenn wir auf die gefchilderten Einrichtungen und aufgezählten Merkmale hin unfer Diplom Otto's III einer Prüfung unterziehen wollen, fo werden felbftverftändlich für daffelbe die Satzungen der damaligen deutfchen Reichskanzlei mafzgebend fein und folglich auch in Anwendung kommen müfzen. Während nun Invocation, Titel, Monogramm, Siegel wie Datierung vollkommen zeitgemäfz find und den zu ftellenden Anforderungen entfprechen, fomit auf echte Vorlage hindeuten, erregt den ernfteften Anftofz die Formel der kaiferlichen Unterfertigung mit: *Signum domni Ottonis (L. M.) Caefaris augufti.* Denn in keinem einzigen Originale, wie überhaupt in keiner echt überlieferten Kaiferurkunde Otto's III für Deutfchland begegnen wir 996 oder in den nächftfolgenden Jahren diefer Formel. Erft mit 999 Mrz., zur Zeit der Vereinigung der beiden Kanzleien unter Heribert, treffen wir fie zuerft an, und

---

[84]) Seit 999 Jan. 3 vgl. St. 1171 und ff. bis zum Tode K. Otto's III, vgl. oben Anm. 77. Schon defzhalb gehören die deutfchen Diplome St. 1177 und 1181 in das Jahr 999 und nicht zu 998. — Auch in der nächftfolgenden Zeit, während der erften fechs Regierungjahre K. Heinrichs II (von 1002 Juni 10 — 1008 Jul. 1) blieb, wol aus politifchen Gründen, die Führung beider Kanzleien ftets in einer Hand vereinigt.

[65]) vgl. unten Anm. 87.

[86]) und zwar feit dem Jahre 1000: *fervus Jefu Chrifti* in St. 1210. 1211. 1212. Böhmer-Ficker Acta fel. Nr. 33. St. 1214. 1215. 1221. 1222. 1224. 1227. 1237. 1247. 1303. — und im Jahre 1001: *fervus apoftolorum* fo St. 1248. 1249. 1256. 1262. 1264. 1265. 1267. 1268. 1271. 1272. 1273. 1274. 1275. 1276. 1278. 1279. 1295. 1304. Was vorher damit verfehen ift, wie St. * 896, ift unecht.

von da ab regelmäfzig nicht nur in deutfchen fondern auch in italienifchen Diplomen, [87]) in denen fie übrigens, obgleich italienifchen Urfprungs, früher gleichwol nur höchft felten zum Vorfchein kam. [88]) Was fonft früher unter den Kaiferurkunden mit diefer Formel verfehen unterläuft, mufz daher geradezu als der Reichskanzlei fremd bezeichnet werden und erweist fich auch bei näherer Prüfung ftets und ausnahmlos als gefälfcht bei Originalen oder mindeftens höchft verdächtig bei Copien. [89]) Auch betreffs unfres Diploms mufz demnach, fchon mit Rückficht auf die oben gefchilderte durchgängige Regelrechtigkeit und Correctheit des Kanzleiverfahrens unter K. Otto III, diefer arge Verftofz gegen die feftftehenden Gefetze fchwer ins Gewicht fallen und umfo belaftender wirken, wenn noch weitere Symptome der Verdächtigung hinzutreten follten.

Und leider fehlt es daran nicht. Denn nicht minder grofze Bedenken, als der eben befprochene Anftofz, erregt ein zweiter, den wir in unferer Urkunde zu verzeichnen haben und zwar in der Kanzleiunterfertigung: *Heriberdus cancellarius vice Willigifi archiepiscopi recognovi.* Abgefehen von der irrigen

[87]) vgl. St. 1176. 1177. 1180. 1184. 1186. 1187. 1195. 1197. 1198. 1200. 1209. 1211. 1212. 1214. 1215. 1216. 1224. 1228. 1232. 1233. 1234. 1237. 1246. 1248. 1249. 1252. 1253. 1255. 1257. 1261. 1265. 1278. 1295. 1303. 1304 u. f. w. Darum gehört St. 1095, mit noch dazu verftümmelten Daten, ficherlich zu 1000 Mai Ende, und defzgleichen St. 1177 und 1195 zu 999. Dagegen erfcheint St. 1130, aus fpäter Copie ftammend, hierin nicht genügend beglaubigt. — Wem fiele übrigens nicht auf, dafz die Annahme diefes altrömifchen Titels merkwürdigerweife gerade mit der Erhebung Gerberts auf dem päpftlichen Throne zufammenfällt, jenes Mannes, der am meiften bei Otto III die Ideen und Träume der Wiedergeburt des römifchen Weltreichs (vgl. die *Renovatio imperii Romanorum* der Bullen-Umfchrift) genährt zu haben fcheint. Seit Gerberts Aufenthalte am Hofe K. Otto's (997) find die Spuren feines Geiftes und Einflufzes felbft in den Urkunden Otto's III nicht zu verkennen. Vgl. übrigens auch die Briefe Gerberts an K. Otto III, welche ftets die Auffchrift tragen: *Ottoni Caefari* (Epiftolae Gerberti in Duchesne Hift. Franc. Bd. 2, auch Migne Patr. lat. 139, 200 ff. Epift. 154. 188. 189. 191 und Leibnitz Ann. imp. 3, 699), wie die Concilsbefchlüfze von (999 Jan. Rom,) St. 1293.

[88]) zum erftenmal finde ich fie auf italienifchem Boden in einem Diplome K. Widos (Böhmer Reg. Karl. 1281, vgl. Stumpf Reichskanzl. 1, 105 Anm.) und nachher nur noch unter Kanzler Ambrofius 967 im Einklang mit deffen Datumsformel St. 414 und 438 (ob auch 454?) vgl. oben Anm. 66.

[89]) fo St. * 371. * 685. * 716 und * 943.

Schreibart des Kanzlernamens, widerspricht sein Erscheinen hier gleichfalls allen herkömmlichen Satzungen in den damaligen Kanzleien unter K. Otto III. Ich wüſzte auch keinen einzigen, wirklich sachgemäfzen und stichhaltigen Grund zur Erklärung dieser Ausnahme von der sonst durchweg streng befolgten Regel anzuführen. Denn alles was wir oben über die Einrichtung der Kanzleien als maſzgebend bezeichnet haben, trifft gerade unter Otto III im erhöhten Grade zu, sowol hinsichtlich der getrennten Function der einzelnen Kanzler, als betreffs ihres Verhaltens während eines Erledigungsfalles, bei Uebernahme und Leitung fremder Kanzleien u. s. w. Zur Zeit unsres Diplomes sind aber beide Kanzler, der deutsche, Bischof Hildebald und der italienische Heribert in voller Thätigkeit, und erst nach dem Hinscheiden des Ersteren († 998 Aug. 4) [90]) finden wir Heribert und zwar, was wol zu beachten und für die Lage der Dinge höchst bezeichnend ist, zunächst nur mit der provisorischen Leitung der deutschen betraut und deſzhalb auch in diesem Sinne recognoscierend.[91]) Erst mit Anfang 999 vereint er mit seiner bisherigen italienischen Kanzleileitung zugleich die Führung der deutschen Angelegenheiten. Hätte übrigens Heribert, so durchaus unwahrscheinlich und unbegründet diese Annahme auch sein mag, noch zu Lebzeiten Hildebalds eine deutsche Urkunde Otto's III unterschrieben, so konnte und durfte er dieſz, dem einmal bestimmten Herkommen gemäſz, zweifelsohne nur im Namen s e i n e s Erzkanzlers, des Bischofs Peter von Como, nimmermehr aber im Namen des deutschen Erzkanzlers, des Erzbischofs Willigis von Mainz thun. Wie immer also die Sache auch gewendet werden möge, stets ist ein Zusammenstoſz mit den ausdrücklichen Satzungen der damaligen Kanzleien unvermeidlich. Und in solchen Fällen kenne ich kein einziges Document aus jener Epoche, dessen Genuinität zu retten wäre,[92]) und ebensowenig wird dieſz bei dem unsrigen möglich werden.

[90]) deſzhalb gehört St. 1188 mit der Intervenienz Bischofs Hildebald zu 996 Mai 27.
[91]) vgl. oben Anm. 74.
[92]) wo immer Heribert in deutschen Urkunden vor 999 in der Kanzlei thätig erscheint, sind diese Diplome unhaltbar, so St. * 904. * 943. und ebenso * 1111 (wie überhaupt alle Ebersheimer Urkunden älterer Zeit, vgl. St. * 523. * 1014. * 1290. * 2489.)

Alfo fehlerhafte Unterfertigungen des Kaifers wie der Kanzler verdächtigen gleichmäfzig die Echtheit unfres Diploms und zwar umfo gewiffer, als die Annahme einer fpäteren Interpolation durch die Gleichmäfzigkeit und Gleichzeitigkeit der Schrift mit dem übrigen Urkundentexte völlig ausgefchlofzen ift. Eigentlich müfzte uns gerade diefe Art von Incorrectheit befonders befremden, weil fie zunächft Theile der Urkunden betrifft, welche immer zu den wichtigften derfelben gezählt und daher felbft von minder gewandten Fälfchern (als es offenbar die unfrigen waren) ftets wol beachtet worden find. So haben fich z. B. bis auf den heutigen Tag Diplome erhalten, worin der ganze urfprüngliche Text ausradiert und ein neuer darüber gefchrieben erfcheint, mit alleiniger Ausnahme der Unterfertigungzeile des Regenten und der Kanzlei, welche noch die Schriftzüge des Originals bewahren [93]) Aber jenes Befremden fteigert fich noch, wenn wir erfahren, dafz fogar ein zweites Originaldiplom vorhanden ift, das an demfelben Tage, im nämlichen Ausftellorte und gleichfalls für das Bisthum Wirzburg, die Schenkung von S. Kilianzell betreffend, ausgefertigt ward (St. 1094), und durchweg correcte Formeln, auch hinfichtlich des Signums wie der Recognition zeigt. Wie hätte ein Fälfcher da irre gehen können? — Gerade wer die Gefchichte der Fälfchungen kennt, wird daran am wenigften Anftofz nehmen. [94]) Denn um den Verdacht abzuleiten, welchen eine allzugetreue Copie aller Einzelnheiten hätte allenfalls erwecken können, wurde bei Herftellung von Falfificaten es beinahe zur Regel, dafz mehrere, meiftens chronologifch naheliegende Originale zu Rathe gezogen und aus jedem derfelben abwechfelnd ein oder mehrere Beftandtheile entlehnt worden find. Nur auf diefe Weife läfzt fich eine Reihe von Fälfchungen erklären, befonders folche, denen, gleich der unfrigen, noch echte Documente deffelben Datums zur Seite ftehen. [95]) Auch bei

---

[93]) vgl. St. * 1703. (angebliches Or. in Brüfsel). * 2447. * 2657.
[94]) vgl. Stumpf Zur Kritik deutfcher Städte-Priv. (in den Sitzungber. der Wiener Akad. der Wifzenfchaft. Hift. Claffe 32, 622 ff.)
[95]) und deren Beifpiel umfo werthvoller für uns ift, weil fie mitunter gerade diefelben Verftöfze gegen die Unterfertigungen des Herrfchers und der Kanzler aufweifen, wie folche bei unferm Diplome gerügt worden find. So z. B. zu vergleichen für Erzftift Salzburg St. 263 mit * 264, für Bisthum Chur

unserm Privileg brauchen wir uns nicht lange nach den Muſtern umzuſehen. Die correcten Beſtandtheile ſind ſicherlich einer gleichzeitigen echten Vorlage entnommen worden, und für die fehlerhaften Unterfertigungzeilen muſzte — ähnlich wie wir oben bei der Urkunde Otto's I hinſichtlich der unhaltbaren Datumszeile nachweiſen konnten, — das zeitlich nächſtfolgende Document im biſchöflichen Wirzburger Archiv herhalten. Es iſt dieſz das unbezweifelte Original von 999 Apr. 14 [96]) und hier ſtimmen allerdings *Signum* ... *Caeſaris* und *Heribertus cancellarius* vollkommen überein.

Schlieſzlich iſt uns aber noch ein Kennzeichen der Verdächtigung auſzer den oben beſprochenen kanzleiwidrigen Unterfertigungen in dem Diplome Otto's III erhalten. Daſſelbe beſitzt für uns ſogar doppelten Werth, weil es zugleich die Perſpective eröffnet auf eine Reihe von Folgerungen, die zur Entſtehunggeſchichte unſer allfälligen Fälſchungen höchſt willkommene Erklärungen liefern dürfte. Ich meine damit die Corroborationformel. Wie bereits oben, gelegentlich der Erwähnung der Corroboration in der Urkunde Otto's I, eines wahrſcheinlichen Irrthums in derſelben gedacht wurde, ſo zeigt ſich auch hier am Schluſze unſres Documentes eine Nachläſzigkeit und Fehlerhaftigkeit, ähnlich wie ſie öfter in Copien und in Fälſchungen [97]) zugleich betreffs der Schrift bemerkt werden können,

---

St. 287 mit * 286, für das Kloſter coeli aurei zu Pavia St. Acta imp. adhuc ined. Nr. 213 mit St. * 306, für Erzſtift Magdeburg St. 482 mit * 481, für S. Maximin St. 553 mit * 554. * 555, für Fulda St. 650 mit * 651, für Murbach St. 704 mit * 705, beſonders für Bisthum Paſſau St. 715 mit * 716, für Bisthum Wirzburg St. 1011 mit * 1012, für Reichenau St. 1142 mit * 1143, beſonders für Drübeck St. Acta imp. adhuc ined. Nr. 260 mit * 261 u. ſ. w. Dieſe Fälſchungen ſind faſt durchgängig noch in angeblichen Or. vorhanden und gehören dem XI—XII Jahrhundert an. — Dagegen zeigen echte Documente, die unter den ganz gleichen Verhältniſſen in groſzer Menge vorhanden ſind, niemals derartige Abirrungen von den beſtehenden Geſetzen, man vergleiche z. B. St. 284—85, 293—94, 375—76, 380—81, 392—93, 449—50—51, 524—25, 529—30, 564—65, 588—89, 681—82, 710—11, 732—33, 747—49, 805—6, 808—9, 831—32, 840—43, 930—31, 949—50, 957—58, 1010—11, 1028—29, 1030—31, 1075—76, 1186—87 u. ſ. w.

[96]) St. 1180 vgl. oben Anm. 22.
[97]) vgl. in St. * 718 das ſinnloſe *conſolidavimus* ſtatt: *corroboravimus* (nach St. 711. 728.) — Ebenſo falſch auch in St. * 904.

die mit Recht unfre volle Aufmerkfamkeit in Anfpruch nehmen. Unfre Corroborationformel lautet nämlich: *Et ut hoc firmum inconvulfumque omni tempore maneat, manu propria fignum in ea fecimus figilloque noftro fignare praecepimus.* Soviel fteht feft, dafz diefe allerdings eigenthümliche Corroborationformel nur der Kanzlei Otto's III angehören kann, [98]) denn felbft einer nur einigermafzen verwandten Formel: *noftraque manu propria . . . . . . hoc figno eam fignavimus* begegnen wir nur noch im gleichen Jahre 996 Mai 22, [99]) fonft aber weder in frühern Zeiten, [100]) noch auch, was wol zu beachten ift, in den fpätern Urkunden z. B. K. Heinrichs II, Konrads II u. f. w. Bei der Zeitgemäfzheit und Seltenheit unfres Formulars, wäre diefz allerdings allein fchon ausreichend um, wenn auch nicht die Genuinität unfres Diploms felbft, fo doch gewifs diejenige feiner allfälligen Vorlage zu beweifen. Denn wie käme jene Formel fonft in unfre Urkunde? — Betrachten wir indefz unfre Corroboration genauer und vergleichen wir fie mit jener in den, offenbar formell wie inhaltlich von unferm Diplome abgeleiteten fpätern Beftätigungen K. Heinrichs II von 1017(18) und Konrads II von 1032, fo werden fich uns daraus weitere und jedenfalls höchft intereffante Schlüfze ergeben. Denn durch diefen Vergleich ftellt fich als zweifellos gewifs heraus, dafz das Corroboration-Formular in unferm Documente incorrect und defect zugleich ift und richtiger heifzen müfzte: *Et ut hoc firmum inconvulfumque omni tempore maneat, manu propria fignum in ea, quam inde iuffimus confcribi cartam, fecimus figilloque noftro fignare praecepimus.* Dafz nun diefe richtige und vollftändige Formel, wie fie im wefentlichen gleichlautend in den unbezweifelt erft im XII Jahrhundert gefchriebenen unechten Wirzburger Privilegien er-

---

[98]) in welcher überhaupt diefe Formel gar mannigfaltig variert wurde und eine von dem gewöhnlichen Herkommen fehr abweichende Geftalt erhielt, wie z. B. *manuque propria, ut propatulo videtur* (St. 1096) oder gar: *cartam . . . manu propria non folum literatam fed etiam corroboratam* (St. 1248.)
[99]) St. 1067.
[100]) felbft *manus noftrae figno* (St. 260), oder *propriae fubfcriptionis figno* (St. 717) kommt nur vereinzelt vor. Dafz *fignum* auch für *figillum* fteht, fehen wir in *noftro figno figillare* (St. 807.)

scheint, nicht von dem lückenhaften Muster unfres Diplomes entlehnt sein kann, bedarf wol keines weitern Beweises; umsoweniger als bei dem vollkommen gedankenlosen Copieren in jenen Falsificaten nicht einmal an eine selbstständige Ergänzung des Defectes seitens ihrer Schreiber gedacht werden darf. Vielmehr liegt der Schlusz nahe und ist einzig berechtigt, dasz diese richtige [erweiterte] Formel, sammt den übrigen, einfach aus Vorlagen des XI Jahrhunderts abgeschrieben worden sei. Freilich wird aber für diese Vorlagen mindestens bezüglich der Corroboration wieder ganz das gleiche wie bei jenen Producten aus dem XII Jahrhundert zu gelten haben, nämlich dasz auch sie ihr correctes und noch dazu ihrer Zeit vollkommen fremdes Formular unmöglich jener defecten Form unfres Diplomes entnommen haben konnten, sondern dasz ihnen hierfür jedenfalls besere Quellen zugänglich gewesen sein muszten. Daraus ergibt sich von selbst und wie mir scheint mit innerer Nothwendigkeit die Folgerung, wonach also unser vorliegendes Diplom Otto's III unmöglich das ursprüngliche Original, sondern im günstigsten Falle nur eine und noch dazu defecte Copie desselben sein kann.

Mit diesem Resultate stimmt aber vollkommen das Ergebnifs unfrer Untersuchung bezüglich der Urkunde Otto's I von 974 überein. Der Halt, welchen allenfalls das Diplom Otto's III dieser hätte bieten können, ist somit ebenfalls hinfällig geworden. Beide Privilegien, wie sie die gleichen Schriftzüge verrathen, zeigen sich auch darin als ebenbürtig, dasz sie ihre Entstehung dem gleichen Verfahren, derselben Herkunft zu verdanken haben. Beide sind auf Grundlage von Kaiserurkunden des bischöflich Wirzburger Archives und zwar mit Benutzung gleichzeitiger und chronologisch zunächst aufeinanderfolgenden Vorlagen verfertigt worden und tragen deutlich die gemeinsamen Spuren dieses Vorganges, wie die Merkmale späterer Entstehung an der Stirne. Dadurch ist jener äuszerlichen, durch die Schrift bekundeten Zusammengehörigkeit beider Urkunden gleichsam der Stempel auch der innern, der diplomatischen Uebereinstimmung aufgedrückt. Das Bedenken, welches Erstere zunächst gegen die Ursprünglichkeit rege gemacht, indem der Character der Schriftzüge das XI Jahrhundert verrieth, wird durch Letztere nicht nur im wesentlichen bestätigt, sondern durch die Begründung des Verdachtes gegen die Echtheit felbft fogar noch um ein bedeutendes erhöht.

II.

Haben wir es alfo hier nicht mehr mit Originalen zu thun, fondern allenfalls mit Copien aus dem XI Jahrhundert, welche allerdings in der Form von Originalen ausgefertigt find, fo würde diefe Erfcheinung an und für fich, wenn fie auch einigermafzen befremdet, doch nicht nothwendigerweife zugleich gegen die Echtheit des Inhalts unfrer Diplome zeugen. Mir ift z. B. gerade aus dem Vorrathe der Urkunden Otto's III im Staatsarchiv zu Berlin [101]) ein intereffantes Beifpiel erinnerlich, welches auf den erften Blick durch die ganze Art der Ausfertigung, durch die Unficherheit der Schrift, welche entfchieden auf Nachahmung fchliefzen läfzt, durch die unherkömmliche Weife der Befiegelung mittelft Pergamentftreifens, wovon die Spuren noch vorhanden find u. f. w., mit einem Worte auf alle diefe Merkmale hin den Verdacht gegen fich, wenigftens gegen die Genuinität der Urkunde im hohen Grade herausfordert. Und mit Recht. [102]) Aber zum Glück hat fich auch noch das wirkliche Original erhalten, [103]) mit welchem verglichen jenes verdächtige Schriftftück eine vollkommene und wörtliche Uebereinftimmung bekundet. Und hält man beide Documente nebeneinander, fo zeigt fich aufzerdem das unläugbare Beftreben des Copiften aus dem XIII Jahrhundert, feiner Copie gleichfam auch äufzerlich dadurch gerecht zu werden, dafz er derfelben den Anfchein eines Originals zu geben bemüht war. Aehnliche Nachbildungen mit mehr oder minder Gefchick vollbracht, dürften fich vielleicht einzeln noch auffinden lafzen, [104]) die uns zugleich auf das eindringlichfte mahnen, bei Beurtheilung von Diplomen auf paläo-

---

[101]) Kaiferurkk. Nr. 122.

[102]) denn zu alledem tritt noch hinzu, dafz der Pergamentftreifen an dem Siegelfragmente mit einer Schrift befchrieben ift, welche dem Ende des XII, wahrfcheinlicher dem Anfange des XIII Jahrhunderts angehört, aus welcher Zeit auch die ganze Urkundencopie ftammen dürfte, deren nachgemachte Schriftzüge eine genaue Zeitbeftimmung fonft allerdings fehr erfchwert haben würden.

[103]) St. 952 (Kaiferurkk. des Berliner Staatsarchivs Nr. 123).

[104]) z. B. die oben Anm. 55 aufgeführten Diplome für die Abtei Werden an der Ruhr, oder St. 1051, — vielleicht auch St. 635. *718 u. f. w.

graphifche Grundlage hin nur mit der gröfzten Behutfamkeit und Vorficht zu Werke zu gehen. Zu diefen Fällen könnten demnach auch unfre obigen Diplome K. Otto's I und Otto's III gezählt werden. Aber allerdings müfzte fodann vorallem und als unerläfzlich die Hauptbedingung, nämlich die vollftändige Uebereinftimmung aller diplomatifchen Merkmale, wie insbefondre des unveränderten Inhalts zutreffen. Wo diefe jedoch, wie wir bei unfern Kaiferurkunden gefehen haben, wenigftens bezüglich der diplomatifchen Formeln geradezu fehlt, weil fich offenbare Widerfprüche gegen die beftimmteften Gefetze der Kanzlei nachweifen lafzen, da kann von einer blofzen Copie im Sinne obigen Beifpiels wol nicht mehr gefprochen werden. Im Gegentheil, es wird der Verdacht, den die grobe Verletzung des diplomatifchen Herkommens bei fichtbarem Beftreben, den fraglichen Schriftftücken dennoch das Ausfehen von Originalen zu verleihen unwillkürlich geweckt hat, mit Recht zugleich das Mifztrauen auch gegen den Inhalt derfelben nähren. Und der Gedanke, dafz hier die Abficht vorlag, mindeftens gewiffen Interpolationen die möglichft legitime Form zu verfchaffen, dürfte kaum abzuweifen fein.

Die Prüfung des Inhalts unfrer Diplome, foweit derfelbe etwas abweichendes oder gar auffälliges gegenüber den verwandten Beftimmungen in frühern und fpätern Reichsurkunden für das Bisthum Wirzburg oder überhaupt im Vergleiche mit dem herkömmlichen Gebrauche bei derartigen kaiferlichen Verleihungen aufweifen follte, wird alfo jedenfalls vorgenommen werden müfzen, wenn wir unfrer Aufgabe vollftändig gerecht werden wollen. Sollten dann auch hier wieder Erfcheinungen zu Tage treten, die für unfre Wirzburger Diplome eine reine Ausnahmftellung — im Widerfpruche mit dem ganzen übrigen urkundlichen Nachweife — beanfpruchten, dann dürfte wenigftens bezüglich der beanftandeten Stellen daffelbe gelten, was wir oben hinfichtlich der fehlerhaften diplomatifchen Ausfertigung bemerken mufzten, d. i. dafz hier fremde Hände ihr Spiel getrieben haben. Damit würde es aber zugleich offenbar werden, wefzhalb überhaupt unfre Diplome angefertigt worden feien.

Wenn wir zuerft die Reihenfolge der uns erhaltenen Wirzburger Immunitätprivilegien aus dem IX—XI

Jahrhundert durchmuſtern, ſo fällt uns eine doppelte Unterbrechung der herkömmlichen und, mit unweſentlichen Modificationen, ſogar gröſztentheils von einander abſtammenden und nachgeſchriebenen Faſzung jener Privilegien auf. [105]) Während nämlich die Urkunden Hludwigs des Frommen, Arnulfs, Konrads I und Heinrichs I faſt wörtlich untereinander übereinſtimmen, zeigt das Diplom Otto's III von 992 Dec. 21 eine auffallend veränderte Geſtalt, indem hier die gekürzte Immunität-Beſtätigung gleichſam nur angehängt an die Erneuerung der oſtfränkiſchen Zehntbewilligung erſcheint. Darauf folgen wieder, freilich ſtyliſtiſch verändert, aber in der Hauptſache, d. i. in der einfachen Immunitätverleihung und der Aufzählung der darin inbegriffenen: *homines ipſius aecclefiae ſive accolas* [106]) *(Francos) vel Sclavos et ſervos* vollkommen mit jenen älteren Diplomen übereinſtimmend, die Beſtätigungen der Könige Heinrichs II von 1012 und Konrads II von 1025. — Inmitten dieſer einmal geſtörten Reihenfolge tritt nun mit den, auch inhaltlich untereinander eng verwandten Diplomen Otto's I von 974 und Otto's III von 996 eine zweite Veränderung ein und verurſacht damit eine abermalige Unterbrechung. Vergleichen wir dieſe letztern Documente mit den eben genannten Beſtätigungen Heinrichs II und Konrads II, ſo läſzt ſich allerdings hinſichtlich der ſtyliſtiſchen Anordnung eine gewiſſe Aehnlichkeit nicht abläugnen, aber ſowol betreffs des Umfangs der Immunität, als auch rückſichtlich ihrer Theilhaber, alſo gerade in den weſentlichen Puncten, iſt eine entſchiedene Aenderung wahrzunehmen. Denn in beiden Beziehungen tritt in unſern Diplomen eine höchſt bemerkenswerthe Erweiterung zu Tage, die umſo auffallender erſcheint, weil die ſpätern echten Beſtätigungurkunden Heinrichs II und Konrads II nichts von derſelben wiſzen, wol aber die gefälſchten Documente

---

[105]) was am zuverläſzigſten durch die überkommenen Schreibfehler und Auslaſzungen bekundet wird (vgl. Breſzlau in den Forſchungen l. c. 91); aber freilich iſt am wenigſten in ihnen der Grund zu einer neuen und weſentlich erweiterten Formel zu ſuchen. Was ſollte denn die abermalige Veränderung unter Heinrich II 1012 bewirkt haben?

[106]) erſcheinen bereits, freilich in einer andern Bedeutung, in dem Diplome Karls des Groſzen für die Abtei Lorſch 772 Mai (Sickel K. 12): *tam ingenuos quam et ſervientes ſeu accolas ipſius monaſterii.*

derselben von 1017(18) und von 1032, welche sie sogar wörtlich wiederholen. Diese Erweiterung lautet, und zwar bei Otto I: *quatinus nullus iudex publicus eiusdem aecclesiae servos vel Sclavos vel accolas sive alios quoslibet liberos homines (undecumque nati sint vel quocumque iure debeant vivere), parochos quos Bargildon dicunt, nec non et Saxones qui Northelbinga vocantur, quique se vel sua novalia ex viridi silva facta (vel sua alodia) in ius et in ditionem praefatae aecclesiae tradidissent*.... und bei Otto III ist dieselbe noch auf alle zukünftigen Verhältnisse gleicher Art ausgedehnt, indem es hier heifzt: *ut nullus comes vel publicus iudex eiusdem aecclesiae servos vel Sclavos sive parochos quos Bargildon dicunt, seu Saxones qui Northelbinga dicuntur, sive caeteros accolas pro liberis hominibus in eiusdem aecclesiae praediis manentes (cuiuscumque sint nationis cuiusve conditionis, quocumque iure debeant vivere), qui se vel sua novalia ex viridi silva facta (suas res) in ius et in ditionem praedictae aecclesiae traderent vel a d h u c t r a d e r e v e l l e n t* ... Dafz hiermit keineswegs blofze styliftifche Amplification geübt wurde oder reiner Zufall gefchaltet habe, fondern vielmehr beftimmte Verhältniffe in's Auge gefafzt worden feien, denen jene Sätze genau angepafzt werden follten, zeigt fich klar, wenn wir in Betracht ziehen, welchen hohen Werth gerade nach Errichtung des Hochftiftes Bamberg die Bifchöfe von Wirzburg dem Fortbezuge ihrer alten Novalzehnten beigelegt haben. Es wäre ohnediefz fchon fchwer zu begreifen, wefzhalb, wenn bereits unter den Ottonen diefer für Wirzburg fo wichtigen Verhältniffe ausdrücklich gedacht worden ift, diefelben nicht auch neuerdings wieder in jener erften Immunitätbeftätigung (vom Jahre 1012) erwähnt worden wären, welche unmittelbar nach der Schöpfung des Bamberger Bisthums an das Hochftift Wirzburg ertheilt worden ift. Aber dafz ftatt deffen fogar eine vollftändige Auslafzung, wol richtiger Unterdrückung jener Sätze ftattgefunden haben follte, und noch dazu in einer Verleihungurkunde an denfelben Bifchof Heinrich I von Wirzburg, durch deffen Zuftimmung allein die Herftellung jenes Bamberger Hochftiftes ermöglicht ward, und dem bereits Otto III gerade jenes erweiterte Immunitätprivilegium beftätigt hätte, diefz würde ein Verfahren vorausfetzen, das wahrlich durch ganz anders beglaubigte Documente, als unfre ohnediefz fchwer verdächtigten Ottonifchen Diplome find, erhärtet fein müfzte, wenn es unfer Vertrauen verdienen oder gar rechtfertigen follte. Doch es tritt noch ein weiterer erfchwerender Umftand hinzu, welcher wol zu beachten ift. Wir haben bereits oben bei Befprechung der Corroborationformel in der Urkunde Otto's III darauf aufmerkfam gemacht, dafz die gleiche aber correct verbefzerte Formel in den gefälfchten Diplomen Heinrichs II von 1017(18), Konrads II von 1032 und Heinrichs III von 1049 nicht direct aus unferer Urkunde Otto's III entlehnt, fondern einer allen gemeinfamen Vorlage (allerdings der Zeit Otto's III angehörig) entnommen fein mufzte. Denn dafz die im XII Jahrhundert gefchriebenen Fälfchungen, den Schlufzfatz über den Ducat ausgenommen, nicht erft um jene Zeit entworfen, fondern faft wörtlich nach ältern Muftern copiert worden fein, dafür fprechen aufzer jener Corroboration und den noch fichtbaren Rafurfpuren in dem gefälfchten Diplome Heinrichs II, meines Dafürhaltens nach nicht minder entfcheidend auch noch weitere Gründe. Zuerft die Anführung der finnlofen *parochi*, welche wol hauptfächlich defzhalb als der Zeit K. Friedrichs I ganz unverftändlich, von der Kanzlei deffelben in dem Diplome von 1168 Juli 10 fortgelafzen worden find. Sodann aber die gedankenlofe Wiederholung von: *firmiſſimeque iubemus, quatinus cuncta ad prefatam ecclefiam pertinentia in agris . . . . . feu in hominibus, fervis, Sclavis, Saxonibus, parochis . . . fub noftra immunitate liceat fine omni inquietudine permanere*, während gerade in dem aus dem XII Jahrhundert ftammenden Schlufzfatz jenes Privilegs wenigftens bezüglich der fogenannten *parochi* eine Einfchränkung enthalten ift, die noch dazu zu Ehren der Wirzburger Kirche gemacht erfcheint, denn es heifzt weiter: *nec quisquam comes vel aliquis publicus iudex nofter in ulla penitus re prefatę aecclefię homines vel res audeat ullo unquam tempore vel loco deftringere vel inquietare vel aliquam poteftatem vel iurisdictionem in toto ducatu vel comeciis orientalis Franciae, nifi super parochos, quos Bargildon vocant, exercere, quod ad honorem preciofiſſimi martyris Kyliani fociorumque eius noftra auctoritate dignę fuperaddere decrevimus.* Derlei auffallende Widerfinnigkeiten und Widerfprüche lafzen fich aber nur durch die

Annahme erklären, dafz den Schreibern des XII Jahrhunderts bereits ältere Documente vorgelegen haben müfzen, welche fie dann wortgetreu wenn auch gedankenlos und mit blofz mechanifcher Einfchaltung der zu interpolierenden Sätze abgefchrieben haben. Trifft diefz nun allerdings hier zu, — und ich wüfzte keinen einzigen ftichhaltigen Gegengrund, der unfre Annahme entkräften könnte, — fo haben wir als Grundlage für jene Fälfchungen des XII Jahrhunderts eine gleiche Zahl von Urkunden vorauszufetzen, die freilich ohne die Beftimmung über den Wirzburger Ducat, fonft aber in allen wefentlichen Beftandtheilen faft wörtlich mit unfern Diplomen Otto's I, insbefondre Otto's III übereinftimmten. Damit wird die Reihenfolge unfrer Wirzburger Immunitätprivilegien allerdings bedeutend vermehrt, aber zugleich die Gleichmäfzigkeit abermals auf das empfindlichfte geftört. Denn nun wechfeln die verfchiedenartig gefafzten Diplome von urfprünglich gleichem Rechtsinhalte förmlich ab, und auf die nach älterer und einfacherer Weife geformte Urkunde Heinrichs II aus dem Jahre 1012 folgte deffen erweitertes Diplom von 1017(18), und ganz ebenfo auf das kürzere Privileg Konrad's II von 1025 wieder das ausführlichere Document von 1032 u. f. w. Wir hätten alfo nicht mehr eine einmalige, fondern eine vierfache Unterbrechung in der Gleichmäfzigkeit unfrer Wirzburger Immunitätverleihungen zu verzeichnen.

Unwillkürlich frägt man fich, war denn eine folche Mannigfaltigkeit und Abwechslung, ja beinahe könnte man fagen ein derartiges Schaukelfyftem bei einfachen Beftätigungen altverbriefter Rechte herkömmlich in der deutfchen Reichskanzlei?

Die Rundfchau, die wir zur Beantwortung diefer aufgeworfenen Frage veranftalteten, mufzte fich felbftverftändlich auf jene Stiftungen befchränken, die bereits in der Karolingerzeit mit Diplomen und zwar von gleichem Rechtsinhalte ausgeftattet worden find, wie fie das Bisthum Wirzburg feit ältefter Zeit aufzuweifen hatte. Dafz insbefonders die Originale Berückfichtigung fanden, bedarf keiner fpeciellen Betonung. Trotz der grofzen Verlufte an Reichsurkunden überhaupt, welche gerade fo bedeutende Bisthümer wie Augsburg, Köln, Konftanz, Metz, Münfter, Regensburg, Strafzburg, Toul, Verdun zu beklagen haben, denen aus dem X und XI Jahrhundert beinahe alle Diplome fehlen, und bei dem unläugbaren Mangel anderfeits an geretteten Immunitätbriefen in den Archiven der Hochftifter wie z. B. Bafel, Freifing, Halberftadt, Hildesheim, Lüttich, Mainz, Paderborn, Paffau, Salzburg, Utrecht, Worms, find uns immerhin noch gegen zweihundert Immunität-Urkunden aus dem X und XI Jahrhundert erhalten, hinreichend um uns über dasjenige in der deutfchen Reichskanzlei befolgte Herkommen zu unterrichten, welches bei Beftätigung der aus der Karolinger-Epoche herübergenommenen Immunitätrechte üblich war.

Es ift nun höchft intereffant die Wandlung zu beobachten, welche hierin im Laufe unfrer Jahrhunderte ftattgefunden hat. Während bei einer Reihe von Stiftern im X Jahrhundert die Beftätigung ihrer Immunität, allein oder mit andern Rechtsverleihungen verknüpft, fich wefentlich innerhalb der überlieferten Formen bewegt, fo z. B. bei Chur, Fulda, St. Gallen, Korvei, Minden, Murbach, Osnabrück, Reichenau, Rheinau, Verden, Werden, — zeigt uns dagegen in derfelben Epoche eine nicht minder grofze Anzahl anderer Urkunden, dafz ihre urfprüngliche Immunitätformel entfchieden gekürzt wurde, [107] fo z. B. die Diplome für Bremen, Hersfeld, Lorfch, Lüttich, Pfeffers, Speier, Trier, Weifzenburg. Meift noch im felben Jahrhundert tritt aber bereits eine Aenderung infofern ein, als entweder zur ältern, ausführlicheren karolingifchen Formel zurückgegriffen wird, wie diefz z. B. bei Korvei und Lorfch [108] Pfeffers, Trier der Fall ift, oder es wird die neue urkundliche Amplification, vor allem im XI Jahrhundert, dadurch bewirkt, dafz mit der Immunität in dem nämlichen Documente auch andre ältere Rechtsverleihungen, als da find: Zoll, Münze, Markt, Zehnten, Bann, Abtswahl u. f. w. ihre gemeinfame Beftätigung erlangen, wie z. B. in den Privilegien für Bremen, Brixen, Cornelimünfter, Effen, Fulda, Halberftadt, Korvei, Minden, Osnabrück, Pfeffers, Speier, Utrecht, Verden,

---

[107] diefz gilt fogar von andern Rechtsbeftätigungen, wie z. B. bezüglich der freien Abtswahl in Hersfeld (Sickel K. 34 vgl. mit St. 59. 2196. 2743.) oder in Kempten (Böhmer Reg. Kar. 801 vgl. mit St. 18. 78. 326. 850. 991. 2613. u. f. w.

[108] vgl. St. 1318 mit Bezug auf Sickel L. 202; ebenfo St. 876 mit Böhmer Reg. Kar. 1037 u. f. w.

Weißenburg, Werden. [109]) In beiden Fällen aber bleibt von da ab die einmal angenommen erweiterte Formel beftändig und andauernd (oft bis in das XII Jahrhundert hinein) in Uebung und von einem abermaligen Wechfel oder gar von einer ununterbrochenen Aenderung ift keine Spur mehr anzutreffen. [110]) Somit ergibt fich aus der vorgenommenen Prüfung, dafz

[109]) Der Ueberfichtlichkeit und des leichtern Vergleichens wegen ftelle ich hier die Mehrzahl der fraglichen Privilegien nach alphabetifcher Reihenfolge der Stifter zufammen. Bremen-Hamburg: St. 67. 562. 609. 912. 1360. 1637. — Brixen: Böhmer Reg. Kar. 753. 1225. 1261. St. 730. — Chur: St. 917. 1423. 2071. 2170. 2597. — Cornelimünfter: St. 163. 616. 888. — Elfen: St. 141. 597. 984. 1346. 1347. 1972. — Einfiedeln: St. 151. 277. 349. 671. — Fulda: Sickel L. 84. Böhmer Reg. Kar. 730. 570. 886. Dronke Cod. Full. 282. Böhmer Reg. Kar. 1026. 1095. Dronke Cod. Fuld. 295. Böhmer Reg. Kar. 1236. St. 1. 57. 650. 1749. 2024. 2508. 3082. — St. Gallen: St. 13. 83. 572. 1017. 1385. 1877. — Halberftadt: St. 583. 975. — Hersfeld: Böhmer Reg. Kar. 743. St. 10. 29. 444. 563. — Korvei: Böhmer Reg. Kar. 1244. St. 4. 58. 576. 1041. 1318. 1870. 2141. — Lorfch: Sickel L. 51. Böhmer Reg. Kar. 765. 1037. St. 91. 237. 323. 522. 586. 876. 1325. 2703. — Lüttich: St. 757. 1424. — S. Maximin: St. 354. 553. 590. 934. 1401. 2264. — Minden: St. 289. 596. 1511. 2016. 2353. 2577. — Murbach: Böhmer Reg. Kar. 1247. St. 704. 916. 1813. 1892. 2370. — Osnabrück: Böhmer Reg. Kar. 1066. St. 76. 274. 1314. 1807. 1974. 2541. — Pfeffers: Böhmer Reg. Kar. 557. St. 174. 320. 508. 570. 2029. 2189. 2707. 3038. 3230. 3386. 3798. — Reichenau: Dümge Reg. Bad. 76. St. 350. 932. — Rheinau: St. 514. 593. — Speier: St. 473. 864. 927. 1362. 1963 2599. — Stablo-Malmedy: St. 397. 903. 2184. 2676. — Trier: Sickel L. 94. St. 142. 587. 920. 2281. — Utrecht: [Sickel L. 53. Böhmer Reg. Kar. 1159.] Sickel Acta Kar. 2, 384 (deperditum Illudovici pii) Böhmer Reg. Kar. 590. 770. St. 52. 75. — Verden: St. 35. 377. 661. 1418. 1896. 2137. 2579. — Weißenburg: St. 561? 994. 1342. 2003. 2191. 2708. — Werden an der Ruhr: Böhmer Reg. Kar. 883. 1045. St. 30. 60. 887, 1853. 2037. 2164.

[110]) Im Gegentheil, wo immer fich derlei Verfuche von Wandlungen in Immunitätformeln zeigen, können wir fie dreift als verdächtig oder geradezu als unecht beifeite fchieben, gleichviel ob fie einzeln auftreten, wie z. B. bei Fulda St. * 93, bei S. Maximin St. * 300, bei Reichenau St. * 1674; oder in zufammenhängender Reihenfolge, wie z. B. für Ebersheim St. * 523. * 1014. * 1111, für Klingenmünfter St. * 33. * 1826. * 2926. und in den im hohen Grade intereffanten Fälfchungen für Pfeffers: St. * 250. * 960. * 1727. * 1981. — Und ebenfo fteht feft, was für uns vom befonderen Belange ift, dafz die Immunitätformel felbft niemals eine Erweiterung durch Zufätze erfährt, welche, wie bei unfern Ottonifchen Diplomen, der Karolingerzeit ganz fremd find.

im Grunde nur einmalige Unterbrechungen in der Reihenfolge der in der Regel gleichmäfzigen Immunitätbeftätigungen, und zwar theils durch Kürzung der Formel, theils durch Erweiterung, indem fie mit anderweitigen Rechtsverleihungen verbunden werden, vorzukommen pflegten, alfo genau ebenfo, wie diefz bei der Reihenfolge unferer Wirzburger Immunitäten durch die Urkunde Otto's III von 992 — abgefehen natürlich von den angezweifelten Ottonifchen Diplomen — gefchehen ift. Aber auch das weitere Refultat ift dadurch gefichert, dafz nämlich eine Mannigfaltigkeit in der Abwechslung und eine Unregelmäfzigkeit, wie fie mit jenen Ottonifchen und den mit denfelben verwandten Urkunden in den fonft correcten Zufammenhang der Wirzburger Immunitätverleihungen eingedrungen ift, dem Herkommen der Reichskanzlei des X und XI Jahrhunderts ebenfowenig entfprechend oder richtiger ebenfo durchweg fremd fei, wie alle jene Unzukömmlichkeiten, die wir an jenen Diplomen bisher zu rügen hatten, und welche in Verbindung mit den eben gemachten neuen Erfahrungen gewifs ausreichend und ftark genug fein dürften, um die Unhaltbarkeit aller aufzerhalb jedes Zweifels zu ftellen.

Wenn demnach bereits die äufzere Erfcheinung jener erweiterten Immunitätprivilegien Otto's I und Otto's III gerechtes Bedenken gegen ihre Urfprünglichkeit erregt hat und deren wahrfcheinliche Entftehung erft dem XI Jahrhundert zuweist; wenn ferner die Unterfuchung ihrer diplomatifchen Formeln nicht nur im gleichen Mafze Widerfprüche, Verftöfze und Unregelmäfzigkeiten gegen die herkömmlichen Gefetze der kaiferlichen Kanzlei enthüllt, fondern auch den Zufammenhang mit der Reihenfolge von Vorlagen für die fpätern Fälfchungen des XII Jahrhunderts und aufzerdem als ihre gemeinfame Geburtsftätte Wirzburg blofzgelegt hat; wenn fchliefzlich auch der letzte Haltpunct für diefelben gefchwunden ift, indem felbft bezüglich ihres Inhalts die angewandte Rechtsformel als vollftändig ungewöhnlich, ja unftatthaft nachgewiefen ift; dann bleibt wahrlich nichts anderes mehr übrig, als entweder in allen diefen Fällen eine grofze, einzige Ausnahme zu Gunften der Wirzburger Diplome zu geftatten, — was gewifs Niemand, der die diplomatifchen Vorgänge jener Zeiten nur einigermafzen kennt, zugeben dürfte, — oder die fämmtlichen beanftandeten Documente, d. i.

nicht blofz dasjenige Otto's I von 974 und Otto's III von 996, fondern auch die wahrfcheinlich vernichteten Vorlagen der fpätern, im XII Jahrhundert gefälfchten Urkunden Heinrichs II von 1017(18), Konrads II von 1032 und wol auch Heinrichs III von 1049 aufzugeben und als unhaltbar aus der Reihe der echten Wirzburger Diplome auszuftreichen.[111]) Es wird diefer Entfchlufz gewifs wefentlich noch erleichtert und gefördert, wenn wir zugleich die Ueberzeugung erhalten, dafz mit der Ausfcheidung jener verdächtigen Documente fofort unter allen übrigen Wirzburger Immunität-Beftätigungen der vollftändigfte Einklang und die tadellofefte Uebereinftimmung mit dem urkundlichen Gebahren in der kaiferlichen Kanzlei jener Epoche hergeftellt ift.

III.

Es bleibt mir zum Abfchlufze unfrer Unterfuchung nur mehr übrig den allfälligen Gründen nachzuforfchen, wefzhalb jene Diplome, denen faft durchgängig echte Urkunden verwandten Inhalts als Vorlagen gedient haben, interpoliert und fomit gefälfcht worden find. Wir werden uns kurz fafzen können, denn directe Daten find uns leider nicht zugänglich, und werden uns zufrieden geben müfzen, wenn wir ftatt vollgiltiger Beweife allerdings nur Erklärunggründe für die Urfachen der Fälfchung anzugeben im Stande find. Jedoch wie bei Feftftellung der Unechtheit uns jene Diplome felbft die zuverläfzigften Anhaltspuncte geboten haben, fo dürfen wir gleichfalls aus ihnen wenigftens Andeutungen zu gewinnen hoffen, die uns einigermafzen den gewünfchten Auffchlufz über ihre Entftehunggefchichte gewähren follen.

Freilich find uns keine Originaldocumente der Bifchöfe von Wirzburg gerade aus jenen Zeiten übrig, denen unfre Fälfchun-

---

[111]) Dafz übrigens derartige auf Grund von unechten Diplomen vorgenommenen und defzhalb doppelt überrafchenden Fälfchungen doch nicht vereinzelt daftehen, fondern auch fonft noch vorgekommen find, dafür möchte ich z. B. auf Stumpf Acta imperii adhuc ined. Nr. * 214 verweifen, welche offenbar auf Grundlage von St. * 554 (angebliches Or. in Paris) gemacht ift. Eine gewiffermafzen Doppelfälfchung enthält auch Böhmer Reg. Frid. fec. 1069 (vgl. Stumpf Reichskanzl. 1, 22 [Anm. 20] und St. * 4061.

gen muthmafzlich angehören dürften, und die uns fodann durch einen Vergleich gewifs ebenfo erfpriefzliche Dienfte hätten leiften können, wie diefz z. B. unter günftigeren Verhältniffen bei den Wirzburger Fälfchungen des XII Jahrhunderts wirklich der Fall ift. Allein die glücklich erhaltenen angeblichen Originale Otto's I und Otto's III liefern mittelft ihrer Schriftzüge und Schriftzeichen genug Symptome, welche uns mit einiger Zuverficht als Entftehungzeit die erfte Hälfte des XI Jahrhunderts errathen, aber zugleich auch begränzen lafzen. Innerhalb diefer Epoche werden alfo die Urfachen der Falfification aufzufuchen fein. Dafz übrigens jene Documente von gewandten, mit der Schrift und dem Gebrauche der kaiferlichen Kanzlei immerhin vertrauten und darin einigermafzen bewanderten Schreibern herrühren müfzen, ift bereits im Laufe unfrer Forfchung hervorgehoben worden, ebenfo dafz fie nirgends anderswo als in Wirzburg felbft entftanden fein konnten, denn nur mit Benutzung von Urkunden des bifchöflichen Archives zu Wirzburg waren jene Eigenthümlichkeiten zufammenzubringen, die fonft vereinigt in keinem einzigen echten Kaiferdocumente anzutreffen find. Mit der Beftimmung von Zeit und Ort ift aber ein wichtiger Schritt zur genaueren Ermittelung gethan. Sehen wir zu, wie diefelben in Verbindung mit dem Inhalte der interpolierten Stellen des weiteren zu verwerthen fei.

Es dürfte kein blofzer Zufall fein, dafz gerade in jener bezeichneten Periode und fpeciell zu Wirzburg an der Domfchule Meifter gewirkt haben, deren Ruf weit über die Gränze des Bisthums hinaus gedrungen ift. Ich meine die unter den Bifchöfen Meinhard und Bruno nach Wirzburg berufenen Canoniker des Domcapitels Othlo (1024—32) [112]) und *famofuf ille Wirceburgenfis magifter* Pernolfus (1021—42). [113]) Wie fehr die Schule unter der Leitung derfelben gedieh, das bezeugen Männer, die ihr angehörten und fpäter im Leben durch Stellung und Bedeutung gleichmäfzig hervorragend waren, wie z. B. Heribert, der

---

[112]) Othloni Liber vifionum (vifio fexta) in Mon. Germ. SS. 11, 379.

[113]) Anonymus Haferenfis in Mon. Germ. SS. 7, 261 — vgl. über die damaligen Wirzburger Verhältniffe Wattenbach Deutfchlands Gefchichtsfchr. (3. Aufl.) 2, 126.

Bifchof von Eichftädt, und — was für uns befonders bemerkenswerth — Adalbero, der fpätere Bifchof von Wirzburg [114] oder Winither, der fpätere Wirzburger Dompropft, Kanzler Heinrichs III und Heinrichs IV und Bifchof von Merfeburg [115]) u. f. w. Es ift felbftverftändlich und war ohnediefz eine Hauptaufgabe diefer Anftalten, dafz zugleich der Pflege der Schrift befondre Sorgfalt gewidmet wurde. Und ich betone diefz umfomehr, weil gleichzeitig, d. h. mit Bruno ein Mann an die Spitze des Wirzburger Bisthums trat (1034—45), der felbft vorher über fechs Jahre hindurch (1027 Oct. — 1034 Mrz.) als Kanzler der italienifchen Kanzlei K. Konrads II vorgeftanden und gewifs den Werth fähiger und gewandter Copiften fchätzen, wie auch die Einrichtung und den Gebrauch in der kaiferlichen Kanzlei genauftens kennen gelernt hat. Dafz eine derartige vorhergehende Wirkfamkeit eines Bifchofs auch dem Urkundenwefen feines Hochftiftes zu gute kommen mufzte, leuchtet von felbft ein und zeigt fich wiederholt auch in fpäterer Zeit, z. B. im XII Jahrhundert, wo uns bifchöfliche Privilegien in gröfzerer Menge erhalten find. [116]) Die Schulung der bifchöflich Wirzburger Kanzlei, wie das Ordnen des bifchöflichen Urkundenwefens nach dem Mufter kaiferlicher Diplome und zwar fchon unter Bruno, dem ehemaligen Kanzler des Kaifers, verdient demnach allerdings unfre vollfte Beachtung und darf bei Erklärung unfrer Fälfchungen nicht überfehen werden, wie es denn gewifs fehr bezeichnend ift, dafz gerade aus jener Wirzburger Domfchule ein Reichskanzler, der obengenannte Winither, hervorgegangen ift.

Die Epoche der erften Hälfte des XI Jahrhunderts liefert uns aber noch weitere willkommene Auffchlüfze. In der Interpolation unfrer Urkunden find nämlich insbefonders zwei Stellen bemerkenswerth: zunächft die Aufzählung jener **Theilhaber an der Immunität**, deren fonft in keinem Wirzburger Di-

---

[114]) Vita Adalberonis (ep. Wirciburg.) cap. 2, in Mon. Germ. SS. 12, 130.

[115]) vgl. die Recognition in St. 2344—2552 mit dem Zeugen in Mon. Boic. 37, 25 und mit Chron. epp. Merfeburg. in Mon. Germ. SS. 10, 183.

[116]) So weifen die Urkunden von den Erzbifchöfen Adalbert I und Arnold von Mainz, die früher Kanzler waren, eine viel gröfzere Aehnlichkeit und Uebereinftimmung mit den kaiferlichen Diplomen auf, als diefz bei bifchöflichen Documenten aus jener Zeit fonft der Fall ift.

plome Erwähnung geschieht, und ferner die besondre Betonung von Novalländereien, wonach alle, sogar die zukünftigen Ansiedlungen innerhalb der Wirzburger Territorien des vollen Kirchenschutzes von Wirzburg sich erfreuen dürften. — Hinsichtlich der Ersteren, der *Bargildon seu Saxones qui Northelbinga dicuntur* möchte ich darauf aufmerksam machen, dafz unter sämmtlichen Wirzburger Bischöfen des X—XI Jahrhunderts einzig und allein nur von Bischof Bruno bestimmte Nachrichten vorliegen, welche eine directe Beziehung Wirzburgs zu Sachsen in jener Periode bekunden. Ich meine das einzige und leider nur in Copie erhaltene Document Bischofs Bruno von 1036 Aug. 15, worin die von ihm ererbten Besitzungen zu Sunrike (bei Paderborn) mit den Erträgnissen von jährlichen 203 Mark Silber dem Hochstifte Wirzburg und zwar in der Anwesenheit K. Konrads II geschenkt werden. [117]) Die dauernde Verbindung mit sächsischen Landen steht demnach fest, — ist doch in jener Urkunde den Nachfolfolgern Bischofs Bruno sogar die Verpflichtung auferlegt, alljährlich von S. Michaelstage an durch drei Wochen in Begleitung von zwei Domherrn in Sunrike zu Gericht zu fitzen, — und dafz in Folge derartiger Beziehungen auch Neuansiedlungen von Sachsen auf Wirzburger Kirchengütern stattgefunden haben werden, wird kaum zu bezweifeln sein. Es wäre damit auch die besondere Hervorhebung sächsischer freier Ankömmlinge, die unter dem Immunitätschutze neuerdings Wirzburger Grund und Boden ausgerodet und urbar gemacht haben um dauernd darauf ansäfzig zu werden, leichter zu erklären und zu rechtfertigen, als mit Bezug auf die allenfalls unter Karl dem Grofsen nach Ostfranken versetzten Sachsen, deren freier Stand kaum weiter bewahrt erscheint und die ebensowenig in Karolinger Diplomen als in sonstigen echten Kaiserurkunden für das Hochstift Wirzburg genannt werden. — Dazu möchte ich noch beifügen, dafz der

---

[117]) vgl. Mon. Boic. 37, 24 (ex chart. Leopoldi de Bebenburg sec. XIV.). darin heifzt es: *frater episcopalis in ecclesia Wirzeburgensi successor, quolibet anno in festo sancti Michaelis cum duobus concanonicis suis et decem militibus suis Sunrike veniat, ibique tribus septimanis et ultro ad placitum quoque pertractando permaneat et villicus ei cum subditis villicis de omnibus vorewerchen cum multa copia serviat, convocatisque ministerialibus et tota familia in die sancti Michaelis eos convivio faciat.*

Ausdruck *Bargildon*, der im X Jahrhundert ganz fehlt, uns gerade im XI und zwar nur in fächfifchen Documenten begegnet,[118] wie defzgleichen, dafz die Sitte, wonach für die freien Kirchenleute, wie überhaupt, deutfch(-fächfifche) Benennungen gerne neben der lateinifchen Bezeichung befonders betont zu werden pflegten, nicht nur am häufigften, fondern beinahe ausfchliefzlich in fächfifchen Urkunden anzutreffen ift, fo in Diplomen für Minden, Osnabrück und Paderborn[119] und auffallenderweife gerade auch in jener Schenkungurkunde Bifchofs Bruno über feine fächfifchen Güter, wo wir dem Ausdrucke *vorewerchen* begegnen. Wer wird nicht unwillkürlich dabei an den ähnlichen Gebrauch in unfern Ottonifchen und mit denfelben verwandten Diplomen erinnert, der ja fonft vollkommen vereinzelt und unerklärlich in der Wirzburger Diplomatik dafteht? Ich dächte, von Bargilden und Sachfen zu Wirzburg im X Jahrhundert dürfte füglich fernerhin keine Rede mehr fein. — Und follte endlich nicht felbft jene bekannte Stelle bei Adam von Bremen [120] über das Wirzburger Bisthum durch Nordalbinger der Wirzburger Diöcefe veranlafzt worden fein, die mit ihrer alten Heimat auch fpäter noch in Verbindung geblieben find und die Nachricht dahin über die Machtftellung ihrer neuen Herren, der Wirzburger Bifchöfe verbreitet haben? Denn dafz jene Notiz zumeift der ftaatsrechtlichen Auffafzung jener freien Kirchenleute gemäfz ift, kann allerdings nicht geläugnet werden.

Wichtig für uns erfcheint fchliefzlich die befondere Betonung von Novalländerein, wenn es in unfern Diplomen heifzt: *qui fe vel fua novalia ex viridi filva facta in ius et in ditionem praedictae aecclefiae tradiffent (traderent vel adhuc tradere vellent)*; eine Formel, die in keiner einzigen aus älterer Zeit

---

[118] fo in der Urk. Bifchofs Wido von Osnabrück von 1029 Juni 13 (in Erhard Cod. dipl. Weftf. 1, 132), in jener des Vogtes Everhard von 1090 Jul. 17 (in Möfer Osnab. Gefch. ed. Abeken 4, 61) und im Documente von 1096 Nov. 8 (Möfer l. c. 4, 67).
[119] vgl. *(liberos) homines, (in fuo epifcopatu habitantes) faxonice Malman (Mahelman) nominatos* — oder *francos liberos et ecclefiafticos litones Maalman vel fervos cuiuslibet conditionis feu colonos* — oder *muntfcal* u. f. w. in Erhard Cod. dipl. Weftf. 1, 24, Böhmer Reg. Kar. 1023. St. 274. 289. 1511. 2016. 2136. 2353. 2404 u. f. w.
[120] Lib. 3, cap. 45 in Mon. Germ. SS. 7, 353.

übernommenen Immunitätbeftätigung zu finden, und gewifs nicht willkürlich, fondern mit Bezug auf beftimmte Verhältniffe eingefchoben worden ift. Dafz dabei keineswegs die alten Ausrodungen allenfalls durch die Sachfen unter Karl dem Grofzen und deffen Nachfolgern gemeint fein konnten, wird ficher nicht zu beftreiten fein, denn über anderthalb Jahrhundert fpäter würde es gewifs Niemand mehr beigekommen fein diefelben als Novalländer zu bezeichnen. Wir ftehen alfo hier, wie oben bei Erwähnung der Sachfen, neuen Verhältniffen gegenüber. Sehen wir zu, was die Wirzburger Gefchichte des XI Jahrhunderts zur Aufklärung derfelben bieten kann.

Da haben wir in erfter Linie als Hauptereignifs die Errichtung des Bisthums Bamberg vor uns. Diefelbe berührte zweifelsohne auf das tieffte fämmtliche Intereffen von Wirzburg, da fie weitaus zum gröfzern Theile auf deffen altem Diözefangrunde ftattgefunden hat. Nur unter grofzen Schwierigkeiten und gegen bedeutende Entfchädigungen erlangte K. Heinrich II von dem Wirzburger Bifchofe Heinrich I die Zuftimmung zur Ausführung feines Lieblingsgedankens, der Gründung des Hochftiftes Bamberg. [121]) Und dennoch verfchmerzten die Bifchöfe von Wirzburg den erlittenen Diöcefan-Verluft nur fchwer und fuchten durch Beftimmungen allerlei Art, foviel fie konnten von den alten Gerechtfamen auf ihren nunmehr innerhalb des Bamberger Diöcefangebiets gelegenen Gütern zu retten und zu erhalten. [122]) Je allge-

---

[121]) Beinahe fämmtliche Kaiferurkunden für Bamberg aus den erften Stiftungjahren betonen ausdrücklich die Zuftimmung des Wirzburger Bifchofs mit den Worten: *Heinrici Wirciburgenfis episcopi confenfu*. Defzhalb würde der Satz in unfern Diplome Otto's III: *quod Heinricus facrofanctae Wirciburgenfis aecclefiae praeful, moribus et vita probatiffimus nobisque ob fua merita cariffimus* allerdings mehr Sinn und Bedeutung haben, wenn er erft in einer, nach jener Zuftimmung des Bifchofs zur Errichtung von Bamberg ausgeftellten Urkunde und zwar K. Heinrichs II ftünde. Bei Otto III aber mufz er freilich im hohen Grade befremden, befonders da er gleich im erften an Heinrich, nach deffen eben erfolgter Erhebung zum Bifchofe, ertheilten Diplome (fonft nur noch in den Fälfchungen des XII Jahrhunderts) vorkommt, wo doch gewifs von einem befondern Verdienfte noch keine Rede fein konnte. Auch hier dürfte demnach abermals eine einfache Anticipation zu Grunde liegen.

[122]) Eine derartige höchft merkwürdige und für uns ganz befonders werthvolle Verfügung findet fich z. B. an dem Schlufze der Zuftimmung-Urkunde

meiner die Abfafzung folcher Beftimmungen von Seite der Wirzburger Bifchöfe lautete, defto leichter mufzte es ihnen dünken, die Auslegung zu ihren Gunften bewerkftelligen zu können, defto gewiffer mufzten fie aber auch gewärtig fein, damit die Veranlafzung zu Streitigkeiten hervorzurufen, die fie felbft vielleicht am wenigften gefcheut haben. Denn die Zeit war voll von Beftrebungen, Wünfchen und Verlangen, insbefondre der kirchlichen Oberhäupter, nach Stärkung und Befeftigung ihrer Machtmittel, gleichfam zum bevorftehenden Kampfe, der bereits in der Luft lag. Der ftreitfertigen Bifchöfe gab es wahrlich bald mehr, denn der friedfertigen. Die Mittel, welche vorzüglich geeignet fchienen diefe ihre Zwecke zu fördern, waren aufzer der Regelung der Vogteiverhältniffe, befonders die Wahrung, aber auch Vermehrung der Zehnten. Defzhalb find Klagen gerade bezüglich des gewaltfamen Auftretens der Bifchöfe gegenüber von Klöftern und über die fortfchreitende Einziehung ja Entwendung ihrer Zehnten, in den Urkunden wie bei den Schriftftellern jener Epoche allgemein. Und Streitigkeiten über Zehnten gehören nicht mehr zu den Seltenheiten, fondern find geradezu an der Tagesordnung und waren oft von grofzer Tragweite. Man vergleiche z. B. die Befchwerden des Abtes Meginher von Hersfeld (von 1058) gegen den Bifchof Burchard I von Halberftadt; [123)

---

des Bifchofs Heinrich I zur Errichtung des Bisthums Bamberg von 1008 Mai 7 (vgl. unten Anhang), worin es ausdrücklich heifzt: das Wirzburger Hochftift folle den Zehnten von jenen Novalländerein, die bis jetzt umgearbeitet und den einzelnen Höfen zugemefzen fein, behalten, jedoch von den Ausrodungen, welche erft fpäterhin gemacht würden, mufze der Zehnten dem Bamberger Stifte zufallen. Und dafz demgemäfz auch in den nächftfolgenden Zeiten, z. B. in den Jahren 1013 und 1017 gehandelt worden war, fehen wir aus den Gütertaufch-Urkunden zwifchen Wirzburg und Bamberg (St. 1583. 1689), nach welchen Wirzburg feine Kirchen und Befitzungen zu Amlingftedt, Seuzlingen, Hallftadt (fämmtlich bei Bamberg), wie zu Eggolsheim bei Forchheim, zu Hollfeld u. f. w. ausdrücklich mit allem Zehnten, den es demnach bisdahin behalten hat, dem Hochftifte Bamberg übergibt. — Wie aber läfzt fich jene Verfügung in Einklang bringen mit den Wiederholungen des: *qui fua novalia ex viridi filva facta . . . . adhuc tradere vellent* in den Vorlagen zu den gefälfchten Immunitätbeftätigungen Heinrichs II von 1017(18) oder Konrads II von 1032?
[123) Harzheim Conc. Germ. 3, 127.

die Forderungen der Erzbifchöfe von Mainz (von 1059) bezüglich der Thüringer Zehnten, [124]) gegen Fulda (von 1069), [125]) aber auch ebenfo gegen Hersfeld (1063—73); [126]) Othlo's Klagen zu Fulda (1062—66) über die Entwendungen der Zehnten durch die Bifchöfe; [127]) wie das Auftreten des Bifchofs Benno II von Osnabrück (1075—77) gegen Korvei und Herford [128]) u. f. w.

Auch in Wirzburg fehlte es nicht an gleichen Veranlafzungen wie an heftigen Kämpfen, befonders feit mit Adelbero 1045 ein Mann auf den bifchöflichen Stuhl Wirzburgs erhoben wurde, der ohnediefz zu den hervorragendften Streitern in dem grofzen Conflicte des Jahrhunderts zählt. [129]) Wir fehen ihn denn auch bald nach allen Seiten hin in Streitigkeiten verwickelt, die er hartnäckig bis zu den höchften Entfcheidungen vor Kaifer und Papft verfolgt. Schon 1049 (Oct.) tritt er auf dem Tage zu Mainz mit aller Entfchiedenheit gegen den Abt Egbert von Fulda auf, nichts weniger als die volle Ausübung der bifchöflich-richterlichen Gewalt über das mächtige Klofter verlangend. Aber auf Grund vorgelegter Fuldaer Privilegien mufzte er von feinem Vorhaben durch die Entfcheidung Kaifer Heinrichs III und Papft Leo's IX abftehen, [130]) ohne fich jedoch defzhalb von neuen Verfuchen abhalten zu lafzen, wie die fpätern Bullen Papft Victors II von 1057 Feb. 9 und Alexanders II von 1064, [131]) welche die Entfcheidung Leo's IX erneuerten, beweifen. — Nicht minder unglücklich endete auch fein Kampf gegen Bamberg, in den wir ihn feit 1052 verflochten finden. Aber die Urfachen diefes Conflictes und die Art der Verhandlungen verdienen unfre ganz befondere Berückfichtigung. Denn nach der Bulle Papft Leo's IX

---

[124]) St. 2569.
[125]) St. 2722.
[126]) Lamberti Hersf. Annales ad ann. 1073 in Mon. Germ. SS. 5, 192.
[127]) Othloni Vita S. Bonifacii, praefatio in Mon. Germ. SS. 2, 358—59.
[128]) St. 2808, und Norberti Vita Bennonis ep. Osnabr. in Mon. Germ. SS. 12, 70.
[129]) Ueber Bifchof Adalbero von Wirzburg vgl. Fried. Emmert im Archiv. des hift. Vereins für Unterfranken und Afchaffenburg (Jahrg. 1861) 15 *b*, 279 ff.
[130]) St. 2377 und Jaffé Reg. Pontif. Rom. 3172.
[131]) Jaffé Reg. Pontif. Rom. 3308. 3397.

von 1052 Nov. 6 steht fest, dafz kurz vorher zu Bamberg Oct. 18 [132]) von dem dortigen Bischofe Hartwig gegen den Bischof Adelbero von Wirzburg die Klage erhoben wurde, dafz deffen Geiftlichkeit sich unbefugter Eingriffe in die Rechte feines Sprengels erlaubt hätte. Dafz es sich hierbei unter anderem auch um Novalländer-Zehnten handelte, beweist die Verlefung jener Urkunde des Bifchofs Heinrich I von Wirzburg von 1008 Mai 7, deren wir bereits oben (Anm. 122) gedacht haben. Der Aufforderung Papst Leo's IX an Adalbero, feine Anfprüche zu rechtfertigen, konnte oder wagte derfelbe — beides für uns gleichmäfzig bemerkenswerth — nicht nachzukommen, und fo verzichtete er auf Bann und bifchöfliche Gerichtbarkeit über Bamberg, jedoch mit dem Vorbehalte, die Streitigkeiten über die Güter zwifchen den beiden Bisthümern fpäter felbft mit dem Bamberger Bifchofe gefetzlich fchlichten zu dürfen. [133]) Alfo auch hier wieder die alte Hartnäckigkeit und Zähigkeit in Verfolgung des einmal vorgefteckten Zieles. Welcher Art diefe Streitigkeiten waren, können wir den Befchlüfzen der Diöcefanfynode zu Bamberg unter Bifchof Gunther von 1058 Apr. 13 entnehmen, wo der bifchöflich Wirzburger Vogt ausdrücklich wieder verfchiedene Zehnten von Novalländerein für feinen Bifchof, Adalbero von Wirzburg zurückfordert, [134]) freilich mit derfelben Erfolglofigkeit wenigftens Bamberg gegenüber, wie in früherer Zeit. Ja felbft noch 1087 Mrz. 22 zu Bamberg wird in einem Synodalbefchlufz unter Bifchof Rupert jener zurückgewiefenen Anfprüche Wirzburgs

---

[132]) St. 2434 und Jaffé Reg. Pontif. Rom. 3256.

[133]) *(Adalbero episcopus) de omnibus, quae ad bannum et episcopalem iufticiam et poteftatem Babenbergenfis episcopi pertinerent, ex tunc et deinceps renuntiavit, exceptis his caufis, quas de bonis utriusquo episcopii ipfi inter fe episcopi poffent legaliter definire.*

[134]) Harzheim Conc. Germ. 3, 126: *Huic fynodo Eberhardus comes, Wirzeburgenfis advocatus, fuperveniens, decimationes quasdam novalium noftrorum per prolocutorem fuum Apelin de Cunflat, Wirzeburgenfi ecclefie repoftulavit: fed meo (sc. Guntherii episcopi Babenbergenfis) advocato Wolframmo per prolocutorem fuum Katzelinum de Hamfenfeld refpondente, ac domno Meinnardo cartam de eadem re coram omnibus perlegente, fynodali iudicio expoftulatio illa infirmata eft, et fupradicta decimatio noftrae ecclefiae adiudicata, ficut ego meique fideles proteftati funt dominum noftrum imperatorem Heinricum huius episcopii terminos fuo praedio a Wirzeburgenfi ecclefia comutaffe.*

auf den Zehnten von den Novalländereien gedacht; [135]) ein Beweis, wie tief eingreifend, aber zugleich auch wie nachhaltig wirkend jene Streitigkeiten für beide Bisthümer gewesen sein mufzten.

Insbesondre bei Wirzburg, das stets zurückzuerobern wünschte, was es verloren zu haben meinte, dürfte es sich unter den geschilderten Verhältnissen immer klarer herausstellen, dafz man dort auf jede Weise bemüht gewesen sein wird, sich Titel zu verschaffen, welche ihm zu seinem vermeintlichen Rechte verhelfen sollten. Und welche Mittel schienen hierzu geeigneter als Urkunden, welche demselben von altersher, wenigstens seit der Ottonenzeit, die Novalländer seiner Kirchenleute, sogar alle zukünftigen, unter ausschliefzlich-bischöflicher Gerichtsbarkeit gestellt verbrieften und durch stets neue Bestätigungen der folgenden Regenten in voller Rechtskraft erhielten? — Stofzen wir nun in dem Wirzburger Archive wirklich auf eine Reihe von Urkunden, welche den eben bezeichneten Gedanken und noch dazu im Widerspruche mit andern, unzweifelhaft echten Diplomen verwandten Inhalts, vollständig zum Ausdrucke bringen, dann wird gewifs Niemand zögern mit mir den Schlufz zu ziehen, dafz jene Documente nothwendig einer Zeit ihre Entstehung verdanken müfzen, in welcher gerade die urkundlich berührten Verhältnisse brennende Streitfragen bildeten. Und diese Zeit kann keine andere gewesen sein, als die Mitte des XI Jahrhunderts, genauer vielleicht der Beginn von Bischof Adalbero's Regierung.

Ziehen wir demgemäfz die mafzgebenden Momente näher in Betracht, so leuchtet vorallem ein, dafz vor 1025, in welchem Jahre nochmals die alte einfache Immunität bestätigt wurde, keines unsrer erweiterten Privilegien existirt haben konnte. Denn wäre bereits in den ursprünglichen Ottonendiplomen das Novalland der Ansiedler ausdrücklich erwähnt gewesen, dann hätte

---

[135]) Harzheim Conc. Germ. 3, 206: *ubi (Babenbergae) inter cetera ecclesiastica negotia universi, qui synodo domini Guntherii intererant, clerici quidem per sanctam obedientiam, iudices vero caeterique laici sacramentis astricti, uno ore protestati sunt: quemadmodum novalium decimationes, de quibus inter nostram et Wirzburgensem contentio erat ecclesiam, synodali iudicio sub domno Gunthario, quinto huius sedis episcopo, nostrae adiudicatae sint ecclesiae.*

nach der Errichtung des Bamberger Hochftiftes und nach den dabei ftattgehabten Auseinanderfetzungen, zweifelsohne Einiges von diefen getroffenen Beftimmungen auch in den fpätern kaiferlichen Beftätigungen für Wirzburg von 1012 und 1025 Eingang finden müfzen. — Aber auch vor 1036 ift für diefelben kein Platz ausfindig zu machen, denn erft nach jener Zeit hat durch die neue Verbindung mit Sachfen die eigentliche Unterfcheidung der verfchiedenen Kategorien von freien Kirchenleuten Sinn und Bedeutung erlangt. — Ebenfowenig dürfte es glaubwürdig erfcheinen, dafz noch während der Lebzeit des erften Bamberger Bifchofes, Eberhard I (von 1007—1040), mit dem die urfprünglichen Abmachungen zwifchen Wirzburg und Bamberg vereinbart worden find, die durch unfre Diplome motivierten Einwendungen gegen die Rechte Bambergs erhoben worden wären. — Es bleibt demnach nur die Epoche von 1040—1052 (die Zeit des Beginnes der Streitigkeiten mit Bamberg) als mögliche Entftehungzeit für unfre Urkunden übrig. In diefe Epoche theilt fich aber die Regierung zweier Wirzburger Bifchöfe, nämlich die Bruno's bis 1045 Mai und darauf diejenige Adalbero's. Für Erfteren fpräche aufzer der genauen Kenntnifs der kaiferlichen Kanzlei und der Betonung der fächfifchen Verhältniffe allerdings, dafz auch die Dorfualauffchrift in dem Diplome Otto's I mit *cartula immunitatis* ganz genau diefelbe ift, wie wir fie nur im XI Jahrhundert an den Wirzburger Kaiferurkunden, befonders von 1025—42, aber nicht fpäter mehr antreffen. [136]) Dagegen liefze fich freilich wieder die fonft bekannte Integrität und Friedfertigkeit des Mannes, feine frühere Stellung wie feine verwandtfchaftliche Beziehung zum kaiferlichen Hofe (er war leiblicher Vetter K. Konrads II) und die Bemerkung anführen, dafz in diefem Falle aber die Vorlage für das (faec. XII) gefälfchte Diplom Heinrichs III von 1049 Dec. 14 unbedingt als echt angenommen werden müfzte. Unmöglich wäre letzteres allerdings nicht (wenn auch unwahrfcheinlich) und z. B. das wenn auch fchlecht nach-

---

[136]) vgl. in St. 1888. 2024. 2046. 2224. Ueber den Werth der Dorfualauffchriften vgl. Stumpf Reichskanzl. 1, 58 (Anm. 61.) und Sickel Acta Kar. 1, 354. — Oft lafzen fich durch diefelben Lücken in Originalen ergänzen, z. B. in St. 1030: *cum [capella]*, oder in St. 2235 der fehlende Güternanie: *de Sualmanaha;* vgl. auch die Bemerkung in St. * 2080.

gemachte Chrismon mit punctierter Einfafzung in der uns noch erhaltenen Fälfchung aus dem XII Jahrhundert, wie auch andre diplomatifch richtige Formeln u. f. w. lafzen wenigftens auf ein correctes Mufter fchliefzen, für welches wir fonft keinen Beleg im Wirzburger Archiv aufzuweifen haben. Jedoch möchte ich diefz eine Moment nicht fo befonders betonen, wenngleich felbft die Annahme nicht auf alle Fälle hin abzuweifen wäre, dafz Bifchof Adalbero auf Grund der gefälfchten erweiterten Immunitäturkunden fich ein Beftätigungdiplom von K. Heinrich III 1049 erwirkt habe. — Indefz viel fchwerer wiegt, dafz mit Adalbero der Streit des Bisthums Wirzburg anhebt, und zwar mit einer Zähigkeit und Hartnäckigkeit nicht nur gegen Fulda, fondern befonders gegen Bamberg, die einen wolüberlegten Plan errathen lafzen, aber zugleich auch mit Anfprüchen, in deren Rahmen allerdings der Inhalt unfrer Diplome auf das Trefflichfte hineinpafzt. Nehmen wir noch hinzu, dafz unter ihm alles für ein derartiges Vorhaben Nöthige fich beftens und in günftigfter Weife zufammenfand: eine geordnete und gut gefchulte Kanzlei, eine gewiffe Vertrautheit mit dem Formelwefen der kaiferlichen Diplome und zugleich genaue Kenntniffe über die älteren, wie über die neu hinzugekommenen Verhältniffe des Bisthums, und zu alledem die Entfchlofzenheit und den Muth Adalbero's felbft, der den Kampf für die weitgehenden Forderungen um jeden Preis wagen wollte, dann wird es freilich mehr als wahrfcheinlich, dafz unfre Diplome K. Otto's I von 974 Aug. 13 und K. Otto's III von 996 Sept. 15, wie auch die Vorlagen der unechten Urkunden K. Heinrichs II von 1017(18) Mai, K. Konrads II von 1032 Juni 6 und K. Heinrichs III von 1049 Dec. 14 mit Benutzung echter und daraufhin wahrfcheinlich vernichteten Documente des Wirzburger Archives erft unter Bifchof Adalbero und zwar fucceffive oder auch gleichzeitig in den Jahren 1045—52 gefälfcht worden feien.

Hiermit fchliefze ich diefe Unterfuchung, denn ich bin am Ziele. Der Weg, den ich zurückgelegt, war allerdings ein befchwerlicher und ich kann nur wünfchen, dafz Jedermann, der ihn mit mir befchritten, die Befriedigung heimtragen möchte, ihn nicht vergebens gewandelt zu fein. Die Ueberzeugung dürfte er übrigens jedenfalls gewonnen haben, dafz bei Fragen ähnlichen oder verwandten Inhalts wie derjenige ift, dem unfre Betrachtungen gewidmet waren, es wenig fromme von irgendwelch' fonftigem Standpuncte aus als zunächft vom diplomatifchen eine Beantwortung zu fordern oder gar Syfteme aufzubauen, ehe man nicht von der Haltbarkeit der dazu verwendeten Baufteine fich vergewifzert hat. Die Prüfung darüber kann aber mit Erfolg nur von der Diplomatik vorgenommen werden. Ich war defzhalb abfichtlich bemüht, fo recht in die innere Werkftätte unfrer Disciplin einzuführen und zerlegte ausführlicher, als es vielleicht fonft nöthig gewefen wäre, das ganze Rüftzeug und den Vorrath von Mitteln, welche uns zu Gebot ftehen um felbft die unfcheinbarften Symptome nicht blofz gewahr zu werden, fondern auch zu verwerthen.

Es gibt keine Geringfügigkeit an fich, die nicht erft unterfucht und geprüft werden müfzte. Die fcheinbar unbedeutendfte Rafur oder Correctur kann uns oft, wie wir gefehen, wichtige Dienfte leiften. Es ift daher nicht blofz am ficherften, fondern es ift geradezu die einzig richtige Art des Unterfuchens, wenigftens auf diplomatifchem Gebiete, immer von Aufzen nach Innen vorzudringen, und ftets nach allen Richtungen und in allen Verftecken fich umzufehen. Mit einzelnen herausgerifzenen Beobachtungen ift im Grunde nur wenig geleiftet und felbft die kühnften Gedanken und geiftreichften Bemerkungen helfen hier nichts, wo es in erfter Linie gilt, Schritt für Schritt fefte Wege zu bahnen, die zur Wahrheit führen; wol aber dürften Gewiffenhaftigkeit der Forfchung wie Zuverläfzigkeit des Urtheils meiftens gleichmäfzig und fchwer darunter leiden. Insbefondre gilt diefz bei Unterfuchungen, die mit fo bedeutenden Schwierigkeiten zu kämpfen haben, wie es hier der Fall war. Ich läugne nicht, dafz es gerade diefer Umftand war, der mich wefentlich beftimmte, an die Löfung unfrer Frage heranzutreten, — und ich hoffe mindeftens darin Zuftimmung zu finden, dafz ich mir die Arbeit nicht all' zu leicht gemacht habe. Jedenfalls ift das Intereffe an diefen Wirzburger Immunität-Urkunden durch die Bedeutung hinreichend gerechtfertigt, welche fie in der Gefchichte der Fälfchungen unfrer Kaiferdiplome einnehmen. Denn foviel fteht unzweifelhaft feft, dafz wir fie der Menge der Urkunden nach nur den bekannten öfterreichifchen Freiheitbriefen oder den Braunweiler und Reinhardsbrunner Verunechtungen wie den Falfificaten des Klofters Coeli aurei zu Pavia an die Seite, hinfichtlich der conplicierten Art ihrer Entftehung aber, denfelben fogar voranzuftellen berechtigt find.

Ift auch der Gewinn, welcher aus dem Nachweife unfrer Fälfchungen der allgemeinen deutfchen Verfafzunggefchichte zufallen dürfte, kaum übermäfzig grofz, fo wird derfelbe ficherlich für die Gefchichte Frankens im XI Jahrhundert umfo willkommener geheifzen werden; jedoch den meiften Vortheil wünfchte ich damit der diplomatifchen Kritik felbft zu verfchaffen, — denn zunächft und in erfter Linie wollte ich mit diefer Arbeit allerdings nur liefern: einen Beitrag zur Diplomatik.

ANHANG.

(Bifchof Heinrich I von Wirzburg) übergibt dem anwefenden König Heinrich II Bamberg und den Rednitzgau wie Theile des Volkfeldgau's, mit
Ausnahme dreier Pfarrkirchen, behufs Errichtung eines neuen Bisthums,
jedoch unter der Bedingung, dafs der Zehnten von den bereits umgearbeiteten
und den einzelnen Höfen zugewiefenen Novalländereien dem Wirzburger
Hochftifte belafzen bleiben müfze. — *Wirzburg,* 1008 *Mai* 7.

Px. In nomine fanctę et individuę trinitatis. Omnium fanctę dei ęcclefiae fidelium tam prefentium quam futurorum noticiam non latere defideramus, qualiter gloriofiffimus rex Heinricus divinę, ut credimus, ||admonitionis ftimulo compunctus de prediis, quę dei gratia hereditarioque iure parentum in fuae poffeffionis dominium provenerant, ¹) dei fervitium adaugere epifcopatum conftruendo atque ordinando defide|| rans, quo id legitime rationabiliterque fieri potuiffet, Heinricum venerabilem Wirziburgenfis ęcclefiae proviforem, quatimus quendam locum Babenberg nuncupatum cum pago, qui Redenzegewi ¹) dicitur, quia|| ad fuae diocefeos ftatum pertinere videbantur, de fuo iure in fuum ius ad id perficiendum transfunderet, ftudiofe cępit flagitare. Qui, quoniam iuftae atque rationabiles videbantur caufae, eiusdem auguftiffimi atque invictiffimi regis petitionibus acquiefcens, cum communi cleri fui atque militum nec non totius populi confilio et confenfu prefatum locum cum predicto pago, tribus parrochianis acclefiis ¹) cum fuis adiacentiis exceptis, quarum haec nomina funt: Wachenrôd, Lonerftad, Mulinhufen, omni poftmodum remota contradictione fuae poteftati tradidit. Alterius autem pagi, qui Volgfeld nominatur, in quo prefatus locus fitus eft, partem eidem regi conceffit, quantum eft de Babenberg usque ad flumen Uraha, de Uraha in Ratennam ¹) flumen et fic iuxta decurfum eiusdem fluminis in Moin, et inde ad rivulum Vichebach, deinde ad caput eiusdem rivuli, ficque

---

¹) sic.

qua citiffime ac proxime perveniri potest ad Uraha. Et ut haec traditio firma atque inconvulfa permaneat, ipfe preful Heinricus corroboravit et fubfcripfit. Signum II. Wirziburgenfis episcopi. Hildelinus Wirziburgenfis aecclefiae prepofitus collaudando fubfcripfit. Fridini decanus fubfcripfit. Regenhardus presbyter fubfcripfit. Azzo presbyter indignus fubfcripfi corde benignus. Regil presbyter fubfcripfi. Dieto presbyter fubfcripfi. Gerrih presbyter fubfcripfi. Engilhard presbyter fubfcripfi. Albuvinus presbyter fubfcripfi. Drufingus presbyter fubfcripfi. Beringerus presbyter fubfcripfi. Winizo presbyter fubfcripfi. Luzo presbyter fubfcripfi. Gozbertus presbyter fubfcripfi. Diothalinus presbyter fubfcripfi. Heribaldus presbyter collaudante affenfumque prebente toto clero fanctae Wirziburgenfis aecclefiae fubfcripfi. Albuvinus diaconus fubfcripfi.

Scripta autem eft haec cartula anno incarnationis dominicae millefimo octavo, indictione VI, nonas Mai. Actum in civitate Wirziburg, prƒſente fereniffimo rege Heinrico, ea conditione, ut decimam in novalibus iam incifis et ad manfos menfuratis cum veteri decima non commutuata Wirziburgenfis aecclefia retineat, in novalibus vero poft hinc excolendis decimam Babenbergenfis aecclefia poffideat cum termino commutuato.

Nach dem Original (ex arch. Babenberg) jetzt im kgl. Reichsarchiv zu München; das aufgedrückte und ältefte erhaltene bifchöfliche Wirzburger Wachsfiegel zeigt das Bruftbild des Bifchofs mit der Legende: † Heinricus Wirceburgenfis eps.

Verlag der Wagner'schen Univ.-Buchhandlung in Innsbruck.

Von demselben Verfasser sind erschienen:

Acta Maguntina seculi XII.

Urkunden zur Geschichte des Bisthums Mainz im 12. Jahrhundert. 1863. fl. 3. 40 kr. ö. W.

Die Reichskanzler

vornehmlich des 10., 11. und 12. Jahrhunderts. Nebst einem Beitrage zu den Regesten und zur Kritik der Kaiserurkunden dieser Zeit.

I. Band 1. Abthlg.: Die Merovinger und Karolinger-Urkunden 1865.
II. „ 2. „ Die Urkunden der sächsischen Kaiser, mit Band III. 1 Abthlg.: Acta imperii adhuc inedita 1865.
— — 2. „ Die Urkunden der fränkischen Kaiser, mit Band III 2 Abthlg.: Acta imperii adhuc inedita, continuatio prima 1865.
— — 3. „ Die Urkunden Lothar's III., Konrad's III., Friedrich's I. und Heinrich's VI. 1868.
III. Band 3. Abthlg.: Acta imperii adhuc inedita, continuatio secunda 1873.
— — 4. ,. Acta imperii adhuc inedita, continuatio tertia 1873.

Demnächst erscheint:

II. Band 4. Abtheilung und
III. „ 5. Abtheilung.

Verlag der Wagner'schen Univ.-Buchhandlung in Innsbruck.

Werke von Dr. JULIUS FICKER:

Forschungen zur Reichs- und Rechtsgeschichte Italiens.
4 Bde. 1868 bis 1874. fl. 23. 50 kr. ö. W.

Der IV. Band dieses Werkes auch einzeln unter dem Titel: Urkunden zur Reichs- und Rechtsgeschichte Italiens.
fl. 8.— ö. W.

Ueber die Entstehungszeit des Sachsenspiegels und die Ableitung des Schwabenspiegel's aus dem Deutschen-Spiegel. Ein Beitrag zur Geschichte der deutschen Rechtsquellen. 1859. fl. 1. 8 kr. ö. W.

Vom Reichsfürstenstand. Forschungen zur Geschichte der Reichsverfassung zunächst im 12. und 13. Jahrhundert. I Band 1861. fl. 4.— ö. W.
Band II erscheint in Bälde.

Vom Heerschilde. Ein Beitrag zur deutschen Reichs- und Rechtsgeschichte. 1862. fl. 2. 20 kr. ö. W.

Das deutsche Kaiserreich in seinen universalen und nationalen Beziehungen. 2. Auflage. 1862. fl. 1. 20 kr. ö. W.

Deutsches Königthum und Kaiserthum. Zur Entgegnung auf die Abhandlung Heinrichs von Sybel: Die deutsche Nation und das Kaiserreich. 1862. 70 kr. ö. W.

Urkunden zur Geschichte des Römerzuges Ludwigs des Bayern und der italienischen Verhältnisse seiner Zeit. 1865. fl. 3. ö. W.

Spiegel deutscher Leute. Textabdruck der Innsbrucker Handschrift. 1859. fl 2. 20 kr. ö. W.

Godefridi Viterbiensis carmen de gestis Friderici primi imperatoris in Italia. Ad fidem codicis bibliothecae Monacensis. 1853. 64 kr. ö. W.

Verlag der Wagner'schen Univ.-Buchhandlung in Innsbruck.

Annales Patherbrunnenses. Eine verlorene Quellenschrift des 12. Jahrhunderts aus Bruchstücken wieder hergestellt von Paul Scheffer-Boichorst. 1870. fl. 3. 50 kr. ö. W.

Die florentinische Geschichte der Malespini und deren Benutzung durch Dante, von Dr. Arnold Busson. 1869. 80 kr. ö. W.

Zur Geschichte des grossen Landfriedensbundes deutscher Städte 1254 von Dr. Arnold Busson. 1874. 90 kr. ö. W.

Der Oberhof Iglau in Mähr und seine Schöffensprüche aus dem 13. bis 16. Jahrhundert. Aus mehreren Handschriften herausgegeben und erläutert von Dr. I. A. Tomascheck. 1868. fl. 5 ö. W.

Das Gaugericht auf der Müsinerwiese, oder das freie kaiserliche Landgericht zu Rankweil in Müsinen. 1870. fl. 1. 20 kr. ö. W.

Der Streit des Kardinals Nicolaus von Cusa mit dem Herzoge Sigmund von Oesterreich als Grafen von Tirol. Ein Bruchstück aus den Kämpfen der weltlichen und kirchlichen Gewalt nach dem Concilium von Basel. Von P. A. Jäger. 2 Bde. 1862. 2te billige Ausgabe. fl. 3 ö. W.

Die Waldstätte Uri, Schwyz und Unterwalden bis zur festen Begründung ihrer Eidgenossenschaft. Mit einem Anhange über die geschichtliche Bedeutung des Wilhelm Tell. Von Dr. Alf. Huber. 1861. fl. 1 ö. W.

Geschichte des Herzogs Rudolfs IV. von Oesterreich. Von Dr. Alf. Huber. 1856. fl. 3 ö. W.

Geschichte der Vereinigung Tirols mit Oesterreich und der vorbereitenden Ereignisse. Von Dr. Alf. Huber. 1863. fl. 2. 60 kr. ö. W.

Untersuchungen über das Hofsystem im Mittelalter mit besonderer Beziehung auf deutsches Alpenland. Von Dr. K. Th. Inama-Sternegg. 1872. fl. 1. 72 kr. ö. W.

Verlag der Wagner'schen Univ.-Buchhandlung in Innsbruck.

Umrisse des Geschichtslebens der deutsch-österreichischen Ländergruppe in seinen staatlichen Grundlagen vom 10. bis 16. Jahrh. Von Dr. F. X. Krones. 1863. fl. 4. ö. W.

Die Summa Magistri Rolandi, nachmals Pabstes Alexander III. nebst einem Anhange: Questiones incerti auctoris. Herausgegeben von Dr. Fr. Thaner. 1874. fl. 4 ö. W.

Werke aus J. Fr. BOEHMER'S Nachlass:

Acta imperii selecta. Urkunden deutscher Könige und Kaiser mit einem Anhange von Reichssachen. Gesammelt von Joh. Fr. Böhmer. Herausgegeben aus seinem Nachlasse. 1870. fl. 15 ö. W.

Additamentum III. ad regesta Imperii inde ab anno 1314 usque ad annum 1347. Drittes Ergänzungsheft zu den Regesten Kaiser Ludwigs des Baiern und seiner Zeit 1314 bis 1347. Herausgegeben aus Joh. Fr. Böhmer's Nachlass. 1865. fl. 2. 25 kr. ö. W.

Monumenta Blidenstatensia saec. IX. X. et XI. Quellen zur Geschichte des Klosters Bleidenstat aus dem Nachlasse von J. Fr. Böhmer, mit Ergänzungen nach Druckwerken und Mittheilungen aus dem Codex Blidenstatensis im k. Reichsarchive zu München herausgegeben von Dr. C. Will. 1874. fl. 2 ö. W.

Die Regesten des Kaiserreichs unter Kaiser Carl IV. 1346 bis 1378. Aus dem Nachlasse Joh. Frd. Böhmer's herausgegeben und ergänzt von Alfons Huber. Lieferung 1. fl. 3 ö. W.

Unter der Presse:

Regesten der Erzbischöfe von Mainz. Aus Böhmer's Nachlass herausgegeben von Dr. C. Will.